彩虹的壇城

恭秋琶牟——著

噶千仁波切　賜序

努力學習佛法的弟子，恭秋琶牟，依照她一些年月，在北美噶千佛學會的聞思修學經驗和覺受，來對北美噶千佛學會的外在環境，內在法會活動作介紹等，完成這本書。

恭秋琶牟，清淨的動機，希望此書能利益對佛法有興趣以及想學習佛法的人。

出版這本書，如果有任何善業功德利益，迴向一切眾生獲證菩提。

2019　5.27.　噶千仁波切

ༀ་བར་ཨྱིན་ཊྲེ་ཁྱབ་པ་ཕྱིན་ཨ་ཁྱི།

His Eminence D. K. Garchen Rinpoche

༄༅། །ནང་ཆོས་དོན་གཉེར་ཅན་སྒྲོབ་མ་དགོན་མཆོག་དཔལ་མོ་ནས་བྱང་ཨ་རི་མགར་ཆེན་
ནང་ཆོས་སྒྲོབ་སྒྲིང་གི་ཕྱིའི་ཁོར་ཡུག་དང་ནང་འདུ་ཆོགས་དེ་བཞིན་མོ་རང་ནས་ལོ་ལྔ་རེ་བཞིན་
མཚམས་སྒྲུབ་བྱས་པའི་ཆོར་སྐྱང་བཅུན་དོ་སྒྲོད་དེབ་རྒྱུན་འདི་ལ་དྷེན་ནས་ནང་ཆོས་དོན་གཉེར་
ཅན་རྣམས་ལ་ཕན་དེས་སྣམ་པའི་ལྷག་བསམ་རྣམ་པར་དག་པས་པར་སྐྲུན་བགྱིས་པའི་རྣམ་
དཀར་གྱི་དགེ་ཆོགས་ཅི་མཆིས་ལ་བྱང་ཆུབ་འཕེལ་པའི་རྒྱུ་རུ་བསྔོ་བ་དང་བཅས།

མགར་དགོན་མཆོག་རྒྱལ་མཆན་ནས།   ཕྱི་ལོ་ ༢༠༡༥/༥/༢༠/༡།

阿布喇嘛 序

扎西德勒 法友們：

我應邀為恭秋琶牟的書，寫幾句話。這本書是關於她在噶千佛學會參加法會，學習修行的經驗。

從 2000 年至今，徹贊法王和許多其他來自各種傳承的偉大上師們參訪了中心，並給予了他們慈悲的加持。經年累月，中心根據藏傳佛教的傳統提供閉關與法教，例如由噶千仁波切以及其他金剛上師們傳授的普巴金剛，大威德金剛，時輪金剛和八關齋戒。

我們閉關中心有製定的閉關課程，包括傳統的三年多的閉關，以及持續的短期閉關，例如一周、一個月和三個月等多種不同天數的閉關。佛子行三十七頌第三頌清楚地解釋，在僻靜處閉關的好處：

捨惡境故漸減惑
無懶散故善自增
心澄於法起正見
依靜處為佛子行

我們的中心是一個安排閉關的好地方，提供佛法修習的機會。我

希望將來那些希望從輪迴中獲得解脫的修行人來我們的中心。通常人們習慣於忙碌的生活方式，剛開始單獨閉關可能面臨挑戰。然而，經過一段時間的調整，人們將開始體驗禪修帶來的巨大快樂與平靜。我希望將來，大家將繼續利用這個寶貴的機會在我們的中心修學佛法。

西藏有句諺語：
如果一個人在平順幸福時不能夠修學佛法，那麼他也不可能在困難時修行。
當人們擁有身心能力因緣，可以修學佛法的時候，應該將佛法串習於心。

2019.5 月 阿布喇嘛

海濤法師 序

尊貴的噶千仁波切是當代偉大的實修者，其無比真切的慈悲與廣攝有情的空性智慧，縱然面對生命苦難之考驗，仍以對三寶無比的信念，平等慈愛一切如母有情。

去年秋天，我有因緣至GBI閉關。除了領受仁波切殊勝的法教及口訣，也有機會與仁波切討論佛法。但對我更大的啟發，仍是在近距離的相處間，仁波切舉手投足所散發的那份慈悲。仁波切如一抹冬日的暖陽，不分此彼地遍灑每一個在他面前的人、事、物。仁波切曾說過：「佛法就是愛，一種真愛！學佛法就是學習怎麼去愛人、愛所有生命。」這句話一直留在我心上，而今親眼所見，無有差別。

大乘行者最主要的修行，就是保有一份安定、圓滿的心態，透過仁波切的加持，在GBI閉關的每個人，有如坐在佛陀的心、進入佛陀的懷抱，內心安定且平靜。如仁波切給予的身教，佛法就是一種愛，當你看到自己的愛，如何去感動別人、給予別人快樂的時候，那將成為你自己快樂的來源，這就是所謂的「加持」！加持即是「愛」的意思，當我們能夠放下自我，開始向別人跟所有眾生散發愛的時候，你將會注意到自己的心開始擴展，變得很開闊、很寬廣，有如廣大的海洋或無盡的虛空一般，這是仁波切帶

給我最好的體驗。

噶千仁波切內心雖然平等普弘一切佛法，但在緣起的示現上，他是直貢噶舉的行者，噶舉的宗風，就是「乘著悲心，駕馭氣脈的駿馬，度越生死大海。」雖然在外在的佛行事業上，仁波切弘法利生，轉經輪、放生、超度、火供等等均十分精熟，但若要利益真心專修的行者，仍需要開展閉關課程。閉關，是深化行者的修持之道，透過外息諸緣、內觀自性，能令修行者更純粹的面對自身的煩惱、進而觀照、斷除無明、顯發智慧，也是自密勒日巴尊者以來的實修宗風。

位於美國亞利桑納州的噶千閉關中心 (GBI)，是十分善妙吉祥的閉關地，每一分土地，都涵養著仁波切如觀音菩薩永恆悲心之護念加持。透過此書，讀者「雖不能至，而心嚮往之」，作者以清淨發心供養上師、大眾的文字與照片，在大眾閱讀的同時，更種下了未來能踏足此地，領受法樂的善因。因此，身為推廣及學習菩提心的菩薩行者，我樂於為文，以饗大眾，願同沐法喜，是為序。

緣 起

多年前業報顯現，我像一隻中箭的山鹿，驚慌失措，負傷竄逃，跌跌撞撞到了三寶庇護所，美國噶千佛學院。仁波切擁抱我，歡迎我。因緣成熟，我留在 GBI 一段時日，禁語、禁足、安靜的止痛療傷。

大片的荒漠山丘，凹凸的石塊地面，夏日的艷陽高溫，冬季的狂風暴雪，是初來乍到的外境寫照。

初春白雪融化，天空明朗湛藍，氛圍清新寧靜，彩虹美麗虛幻，星河閃亮壯闊，是氣候轉換的不同風光。

春天到了，三寶溫煦的陽光，照亮我的生命，心中的冰塊慢慢消溶。日復一日，圓滿了一場一場的法會；年又一年，多次的往返住家和 GBI；聽聞因果業力、暇滿人身和生起圓滿次等法教。上師的身教，示現本尊的身語意功德；上師的慈悲，觸動震懾我的本性。在三寶恩德的救護下，原本深鎖的眉心放鬆展開，我微笑我開心。

慈愛有證量的上師，寧靜自然的阿蘭若，這麼好的上師，這麼好的聖地，想要分享給全世界全宇宙。

末學才疏學淺，清淨的動機書寫章篇集錄，祈願一切有情法喜充滿，福慧圓融，究竟得樂。

致 謝

謝謝仁波切的慈悲救護，賜予序文，為此書選了書名、以及封面的相片。

謝謝 GBI 住持阿布喇嘛，書寫序文、給予我的鼓勵和支持。

謝謝海濤法師，人在國外弘法，特別空出時間，書寫序文。

謝謝札希喇嘛指導和分享故事。

謝謝噶貝喇嘛的協助。
謝謝桑滇阿尼的幫忙。

謝謝台灣噶千佛學會，提供封面、背面、11 頁、18 頁、62 頁的相片，以及仁波切珍貴法教的記錄。

謝謝僧眾的分享，因為您們的故事，豐富莊嚴了此書的內容與意涵。

謝謝匿名者的打字、校稿和編排。

謝謝法友提供 66 頁、77 頁、127 頁、135 頁、202 頁、235 頁的相片。

謝謝許多僧眾，由於您們的付出和貢獻，才有現在的 GBI，以及

此書的出版。

謝謝三寶！

謝謝您們！

【目 錄】

第一部

本尊外功德，顯空無二

1

第八世噶千仁波切的成長事蹟

有一位來自馬扣色千的瑜珈士,在瑪扣色千的地方定居,因而取名叫做「瑪色」。此家族血脈不間斷地延續至今。第八世 噶千仁波切的父親是名瑜珈士,名字是瑪色僧格。母親是德古吉楊。

小靈童在勝生第十六丁丑年,星曜會合吉祥的日子裡,在敦如村落誕生。出生的前一晚,他父親夢見自己得到一個金質發光的金剛杵,光芒遍照十方法界。隔天,家裡所有盛水的容器都充滿了牛奶。孩子出生當天,許多從來沒有見過的鳥兒,飛到了屋頂上,鳴叫出優美的聲音…等,很多難得一見的殊勝佳兆不斷出現。

仁波切 從小就開始展現超越一般孩童的行誼,對弱小的眾生懷著一顆極為柔軟的悲心,他散發出一種令所有人都會被其吸引、感動的神聖天性。到了五歲,直貢救怙主喜威羅卓法王尊者認證其為噶爾逞列勇嘉(第七世仁波切)的轉世。之後,即到洛米頁寺恰美仁波切座前,獻出頂上的剃度髮(出家時須由親教師親自剃去的一小撮頭髮)。那時噶千祖古到金殿去朝拜供養時,一見到噶舉黃金寶鬘傳承中的吉天頌恭大師聖像,立刻用手指說:「這位,就是我的上師!」

在那兒聚集的所有人，對這孩子萬分驚訝。那一年，星曜吉祥的日子，祖古正式受封持有噶爾寺蔣秋確林的無畏黃金法台。從那時起，他不僅在父親跟前學習文字讀寫，同時也在寺廟中，次第修學儀軌…等等，所有課程他都毫無困難的了知。

仁波切十二歲時，於內多桑傑祖古仁波切座前出家，就像在堪布、阿闍黎面前應如何地立下誓言般，從此他再也不違染絲毫佛制和自性墮落污垢，成為所有人天的應供。有一天，噶千上師與少數弟子聚集，正要前往孜曲河流域的時候，他突然從坐騎上下來，說：「現在必須修頗瓦法」。尊者立刻修頗瓦法。僧眾們相互議論：「是怎麼回事呢？」大夥心中都留下了疑惑。隔天，有人來向上師報告：「那位叫做竹曲才南的施主，昨天去世了」。並請求上師為亡者迴向。 僧眾問施主往生的時辰，恰好跟噶千仁波切行程途中，停下修持頗瓦法的時間一樣。弟子們先前講不出的疑惑，這時都明朗了，並對噶千仁波切生起更強烈的敬信心。

勞改結束，仁波切回到噶爾寺的時候，看著已變成斷垣殘壁的諸座大殿和僧眾房舍，發起復興佛教的祈願。仁波切先從上寺瑪尼房，開始修復這座寺廟；對當時生活艱難的人民，布施其穀物和牛馬等財物。

文成公主自轉大法輪寶

最重要的噶爾寺產，文成公主自轉大法輪寶。在動盪之時，因為住在蒙奇塔地方的信徒守護的恩德下，沒有丟失、毀壞而秘密地被保存著。後來僧眾們恭迎「自轉大法輪」回到噶爾寺，讓眾多具信者能再次謁見大法輪。從此時起，吉祥文成公主自轉大法輪寶，再次日夜不斷地轉動。噶千仁波切新制全新轉軸，更換已有年代的輪經舊軸，讓大法輪寶更能圓滿的不斷右旋利生恆久。一直到現在，各地都還流傳著噶千仁波切曾在當地示現神奇加持的利生事蹟。

摘自＜直貢噶舉大瑜珈士噶千仁波切傳＞

2

仁波切的行誼

日日夜夜、謀他人福

一九八零年代，改革開放後，青海地區不聞佛法，教法瀕臨絕滅。仁波切所做的第一件事便是親手土塑四尊佛像，種下未來弘揚佛教的種子；面對一切荒蕪，仁波切不畏各種辛勞困頓，毅然肩負起修建東藏青海地區所有直貢噶舉寺廟的重責。同時，不分教派地將傳承之甚深教法傾囊相授；目前青海地區直貢噶舉派轉世活佛，幾乎都是當年仁波切徒步數日，爬山涉水四處所尋獲，並且由仁波切主持升座並給予教導。

一直以來，仁波切都將所得之供養，一介不取，全數交給寺院，從不用於自身。其它寺廟向他請求佈施，皆慨然應允。在仁波切不斷地辛勤努力之下，除了位於青海囊千的主寺噶爾寺及尼寺之外，另外還有二十四間寺廟也是經由仁波切的協助而完成。世間的一切，仁波切皆用於利益眾生，絲毫不為自己；他的袈裟、杯皿、用具，弟子想為他更新，他都回答可以用就好。常年跟隨仁波切的喇嘛布尼瑪提到仁波切的大悲喜捨時說：「仁波切自己身無一物，隨身攜帶一小布包，一木缽及手刻佛像、經文。過去在

青海地區寒冷用木缽吃飯是避免結成冰，木缽也是釋迦牟尼佛出家的傳承象徵，所以木缽隨身攜帶，除此之外仁波切皆做佈施。」

不分地位階級及年齡性別，仁波切待人謙和恭謹、平等深切地關愛所有的人。不論貴賤平凡、修行與否，他看到的是每位眾生的佛性，以密教成就者與成就者之間的抱頭相印禮敬尊重對待。仁波切從不辜負弟子們及其它人對他的期望。他天生自然地處處為他人的利益而行事，有求必應；有苦有病者，應聲即到。有人往生，只要請求，不分晝夜、烈日或大雪，立刻前往加持修法，如果信徒家窮苦，仁波切自己準備油燈攜帶供品。仁波切常對侍者們說：「你們侍者必需瞭解，要來見我的人都是真的有事，對我有信心。你們一定要以真心相待，毫不考慮地給予口頭與實質上的說明。不管任何時候，我都準備好隨時見客。如果你們覺得太累太煩，可以讓他們直接來見就好。」由於日夜造訪的信眾實在太多，寺院只好安排每週輪替侍者。

觀音再世，度母側伴

仁波切利益眾生的大悲神奇故事不勝枚舉，所有弟子都視他如母般地依靠。隨侍仁波切多年的喇嘛阿布說：「藏民視噶千仁波切為真實的觀世音菩薩。在藏地時，一年至少有一、兩萬人向仁波切祈請灌頂和加持。只要有人需要他，就算沒人敢去的地方，甚

至是連路都沒有的地方，他都去。」

一次，青海某處牧場雪災疫荒頻傳，沒有人願意前往，藏民懇求他救助無辜的百姓和牛羊，他毅然到疫區修法火供平息災情。青海地區畜牧維生，水草地乃藏民之衣食父母。有一處肥美草地，年年雷電打死許多牧人與畜生，成為一處鬼地。大家都很痛苦不知道該怎麼辦，仁波切聽到這個消息之後，帶著兩名弟子前往該地，紮營修法。剎那閃電大作，一旁侍者耽心害怕。仁波切以大悲天鐵消除障礙，之後此處再也沒有閃電害人了。

1985 年夏天，黃河河水暴漲，青海玉樹州安慶縣北紮鄉兩個生產隊出動人力，避免堤防崩塌。不料，狀似大房的巨石掉落，壓死了 8 人，堤防將於半小時內被沖毀。仁波切及時趕到修法祈請，暴漲河水立刻變成小溪，保住堤防內成千百姓之性命。

又一次，他步行去探望 80 歲老母，途中遇見洪水夾襲，布尼瑪喇嘛勸他回頭 . 他心繫鄉民安危，不願打道回府，於是從地上撿起一塊石頭，口中念咒，向石頭吹口氣，再將石子丟向水中，洪水立即消退。

有一次，仁波切在青海重山中閉關，此處地勢陡峭，離山下路程約兩小時。仁波切於一處山巔上禪坐，夜不留神，一個打盹，身往斷崖下墜。危急時，他心中持念度母祈請文，隨即身體坐姿直

落一小平臺上，面積約板凳寬。由於天色太暗，無法辨識身處何地，他又繼續禪修。第二天一早，弟子不見仁波切蹤影，立即派人搜尋，由於斷崖無路可走，全以繩索攀岩而下，赫然發現他端坐在一突出處修行，好像沒有發生什麼事一樣。搜尋的喇嘛驚呀的說：「太神奇！噶千仁波切有飛行神功。」仁波切解釋說：「慚愧！我是不精進修行才掉落山崖，不是有神功。」

仁波切把這些事蹟全歸於度母的護持，他說：「觀世音菩薩於無量劫前，曾發下誓願，要將一切眾生由輪迴中度得解脫；唯無始劫來，眾生難以度盡，其數一如往昔，便留下悲心淚水。由此淚水化現度母，度母遂向觀世音菩薩云：『勿懼眾生度不盡，吾等亦會護持汝。眾生雖無量，我願亦無量。』」因此我們時時以度母護持，就可生出信心，凡事都可迎刃而解。他不認為這些是神跡，而是一步一腳印之修行所感，眾生只要肯發心皆能成就。

仁波切是具足實修證悟的真正偉大成就者。仁波切口出之教法，字字句句皆出於實證經驗；他的

法教簡扼有力，直契人心。他對修行人的口傳言教，幫助大眾悲智覺受及了悟。仁波切不僅於直貢噶舉傳承中地位崇高；更以無比的慈愛、無盡的大悲及透徹無礙的智慧，受到全世界佛教及非佛教徒的敬仰和愛戴。

不停不歇、念念眾生

1997 年離開青海到世界各地弘法，弟子遍及歐亞、美加、南美、紐澳及俄國。仁波切毫無歇息地往來於世界五大洲，包括美國、德國、丹麥、西班牙、烏克蘭、以色列、臺灣、日本、新加坡、紐西蘭等各佛法中心，傳授教法、主持閉關，並推動各項慈善計畫。

盡其一生，仁波切以金剛般的毅力，於身口意三門，徹底實踐佛陀的菩提心法。他讓我們相信聖人不只是書中傳奇；佛教之慈悲與智慧完全可以付諸實行。他鼓起我們對生命的勇氣，並生起對平等大悲的信心。他對世人展現了佛菩薩真實聖者的自在風采，單純的平實、親和與慈愛。

一件短衫，一條布包，近年來多了一根拐杖，高齡的噶千仁波切，依然不停不歇地轉著手上的經綸。天尚未亮起，數十年如一日地，仁波切已如白蓮綻放般坐起。一如黑夜明月，對一切眾生散發出溫暖的慈悲和無可言喻的感動；悲智心光，清晰明亮，照

耀無明之暗，度脫濁世之苦。他是無盡輪迴的真實依怙，日日夜夜，永不疲憊地守護眾生，走向究竟的安樂。

摘自＜饒益諸有情＞

3

GBI 修行者的家

美國噶千佛學會 Garchen Buddhist Institute，簡稱 GBI，是靈性修行者的家。仁波切希望藉由藏傳佛教的教授能影響到每個人，不論他們的經驗和宗教背景；不論是對於佛教好奇，或對佛法有興趣；或想更深入實修者，GBI 提供環境和資源來護持所有人。

GBI 成立於 1999 年，是一座藏傳佛教寺廟。位於普瑞思卡國家公園附近山丘地帶的私人土地。佔地約一百英畝，周圍環繞著舊金山山脈、色多納和楓樹山，氣派天然、宏觀雄偉，是啟蒙證悟之地。

三個阿字

仁波切沒出國前，在噶爾寺打坐閉關時看到了三個阿字，剛開始不知道什麼意思，後來到美國才知道第一個阿字是美國 America，第二個阿字是亞歷桑那卅 Arizona，第三個是寫有阿字的石頭。來亞歷桑那卅是一種預兆，是天意。

1990 年仁波切第一次來美國亞利桑那州傳教 20 天，之後在加拿

大其他地方開始傳教。大約在 1994 年，一位美國人到噶爾寺，送給仁波切一個阿字的石頭並且請仁波切到美國。阿布喇嘛說，他看過這塊石頭，一面是阿字，另一面是亞利桑那州的山脈。仁波切說：「在全球各地，我們雖然開設許多修法中心，GBI 是我們在西藏以外創辦的第一所中心，具有特別的意義和重要性。」

2001 年，GBI 只有喇嘛屋一棟建築，那時大約有十幾位喇嘛和仁波切一起閉關文殊閻魔敵 50 天。隔年起，僧眾信徒加入一起閉關。之後陸續舉辦普巴金剛閉關、千手千眼觀世音菩薩紐涅、勝樂輪金剛閉關，還有七天、二十一天、一個月、三年等閉關以及夏季冬季教學等。這裡的舍利塔和寺院裝藏著佛菩薩化身的舍利，與三世諸佛的法身無別。諸佛的語和三乘的法也以最親近的動機，在此傳授。

許多聖僧眾來此地修習禪定以及加持此地。我們傳承的偉大上師們，如尊貴無上的大成就者—竹旺貢覺諾布仁波切也曾遠道而來。許多上師、堪布、活佛、仁波切和法王，也來到此淨障、加持、修行和閉關。仁波切說：「在美國各地大小不同的中心，GBI 是第一大的中心寺廟，這裡的第一大不是指房子大，佛像大，而是講經、傳教、法會和閉關等修行第一大殊勝。」

這裡具足三寶恩澤，仁波切實修和僧眾弟子們的功德，是殊勝聖地。

4

觀音菩薩的壇城

仁波切說：GBI 是觀音菩薩的壇城

壇城，梵文曼陀羅，源於古代修法活動，為了防止魔眾的入侵，在修法場地築起一個圓形或方形的土壇，邀請過去現在未來諸佛親臨，保護加持。壇城引申為諸佛菩薩本尊眷屬的聚居處。除此之外，在密教，壇城是一種宇宙世界觀的體現，是徹悟的本質。

觀世音菩薩，意義為「觀察世間音聲覺有情」。觀世音菩薩在久遠以前即已成佛，佛號為「正法明如來」，因為憐憫苦難眾生，所以示現菩薩的形象，聞聲救苦，應現無量的化身來教化眾生。

仁波切說：「觀音菩薩有各式各樣的本尊形象，然而他的密意是菩提心。我們眼睛要看的不止是觀音菩薩的外在的形象，更要看到菩薩內在的菩提心。假如缺乏菩提心，那麼外表的形像是沒有意義的。」

一切輪迴、涅槃諸法，皆有外、內、密三層含意。GBI 是觀世音菩薩的壇城，具有外、內、密三種功德。

外功德：顯空無二

GBI 是觀音菩薩的壇城，就顯現的外功德而言， 這裏的僧眾、動物、山水大地、草木沙石和有情無情生命，皆是觀音菩薩淨土和眷屬的顯現，這是本尊的身功德，是顯與空無二的自性。

內功德：聲空無二

就本尊內功德而言，唸誦咒語儀軌、教導法典經藏和一切聲音，皆是本尊的語功德，是聲與空無二的自性。

密功德：覺空無二

就本尊密功德而言，慈心悲心菩提心，是本尊的意功德，是覺空無二的自性。

5

彩虹的壇城

仁波切說：

GBI 的天有如八軸法輪、地形像八瓣蓮花，東邊的山形像馬，西邊像孔雀，南方像龍，北方像青蛙。太陽的方向，光照剛好一輪圈。這是長壽徵兆。這片土地上，有許多石塊，上面有眼睛的圖形，有大有小。這個地方有觀音菩薩的加持，是千手千眼觀音菩薩的淨土。

本尊總是在這，祂們的法身是遍布虛空。當眾生虔誠祈請時，祂們的報身顯現各種方式，如天空雲彩或彩虹。祂們的化身是眾生心續中升起的愛與慈悲。外在顯相為天空彩虹；內在象徵是快樂、慈悲。秘密標誌是正見，自然本性。

當仁波切回來 GBI 時，或者是善知識來訪，或者是法會閉關期間，GBI 天空時常出現彩虹，有時一圈，有時兩三圈，有時東西南北中五方共五圈。為何天上顯現雲彩彩虹？仁波切說：如果懂得清淨見，彩雲彩虹的相，是菩提心的顯現。地水火風空是一般的元素，如果懂得清淨見，就是五方佛母的自性。外在世間的五種元素，和我們身體的五種元素，以及內心五種煩惱是相互關聯的。慈愛能轉化內心五毒為五智，五智化現五種光彩，自然現出彩虹。當我們禪修時，空中的本尊也會顯現歡喜的相。尤其在法會閉關期間，僧伽們都在禪修愛與慈悲，天降甘露示現彩虹，這是諸天歡喜的徵兆。GBI 是觀音菩薩的壇城，也是彩虹的壇城。

6

仁波切佛塔

仁波切出獄後，參訪並修復許多破損的寺廟。在被破壞的寺院以及佛像內，尋獲許多古老，珍貴的法教文物。也有一些僧眾信徒送給仁波切許多寶物。仁波切把一些寶物供奉在噶爾寺。也帶許多寶物來 GBI。仁波切親自設計這座佛塔，總集三位本尊的壇城為一座佛塔，外圍壇城是白度母，內層是普巴金剛，秘密層是文殊閻魔敵，共三位本尊。

佛塔設計如一把傘，有八輻空間。代表七尊佛和長壽佛，共八尊。全世界獨一無二的佛塔。塔裏供奉許多珍寶、法教、經藏、舍利子、唐卡和佛像…等。能量加持很殊勝。

塔身內部空間可供法友祈誦、靜修和掛單。

塔頂繪有代表化身的白色月輪；報身的紅色日輪；和代表法身的藍色吽字。

佛塔外圍一圈可供經行繞塔之用，並且貼置一張「世界祈請文」。

仁波切說在佛塔內睡覺也像打坐一樣，很多利益。一位來自日本的法友，談到他在佛塔內掛單，一晚看到一尊白色佛像有很多隻手。

7

菩提佛塔

釋迦牟尼佛在世時以及入滅後，僧眾為紀念他生平的八件事蹟，於八個地點，建立八種風格的佛塔。菩提塔就是其中之一。菩提塔是紀念佛陀三十五歲在菩提伽耶菩提樹下，成就無上正等正覺。西藏風水認為在北方設置佛塔，是很吉祥的。多年前閉關中心的指導上師，札噶仁波切，認為在 GBI 北方設置菩提佛塔，可以擋去很多不好的影響，是很吉祥的。

佛塔建設時，札噶仁波切不在 GBI，工程大部分是噶貝喇嘛親自進行建造的。噶貝喇嘛說：菩提佛塔在進行地基工程時，喇嘛僧眾們先修法三天，巴噶祖古再帶領僧眾修法淨障祈福，藏置多種寶物之後，填平，再繼續做地面第一層的工程。

佛塔地面第一層我們很多人花好幾個月做幾萬個擦擦，在擦擦泥巴沒曬乾之前，把經文擺放進擦擦內。一層擦擦放好，倒入沙子，填補平擦擦之間的空隙和高低差異，再放入另一層擦擦，如此一層一層，一層再一層，一個半呎高的空間，總共裝藏了好幾萬個擦擦。佛塔內第二層，裝藏壇城、八供、寶瓶、各種供養和法器等。

第三層，裝置經藏咒文。最後噶貝喇嘛再為壇城外層繪畫上色各種吉物示圖，圓滿了菩提佛塔的製作。

8

佛子行三十七頌碑園

仁波切除了將佛子行三十七頌印成小冊子之外，也在 GBI 大殿內外側設置了佛子行三十七頌碑園。每一頌各自刻在一塊碑石上。希望每位來到此地的人，能詳記頌文。

仁波切說過：「我們每天至少要念一遍佛子行三十七頌。」不論是居家生活，置身工作，進行閉關，都必須修持《佛子行三十七頌》。如果我們經常念誦，就能牢記在心。當遇到痛苦逆境之時，就能馬上想到誦文的意思。如果你能在所有世俗活動當中保持覺知，你就是在修持六度波羅蜜。《佛子行三十七頌》為所有的痛苦提供了解藥，對所有的問題提供了解答。

大成就者「竹旺仁波切」讚歎噶千仁波切對一切等眾生不可思議的慈悲，並且讚嘆噶千仁波切就是「佛」。然仁波切總言道：「我所解行的一切，皆依據佛子三十七頌，從十三歲第一次研讀迄今，此典藉給予我何以快樂、何以痛苦、如何解脫輪迴等的一切解答；因此我鼓勵並懇請大家每天至少拜讀一次。

仁波切說：當你來此殊勝壇城時，實際上你便與我的法身結合；

當你在此讀誦這些佛子行三十七頌時，你將獲得我所有語的精髓；當你實踐佛子行，就與我的身語意不分離。當你以思維和禪定更深一步的了解這頌文，我們的心將融合為一，也確保了有情眾生的利益。

9

佛子行三十七頌

獲得暇滿大舟時　自他為渡輪迴海
晝夜恆時不懶散　聞思修是佛子行

親方貪心如水蕩　怨方瞋心似火燃
取捨皆忘癡黑暗　拋棄故鄉佛子行

捨惡境故漸減惑　無懶散故善自增
心澄於法起正見　依靜處為佛子行

長伴親友各自散　勤聚財物遺為跡
識者捨棄身客房　捨此世為佛子行

交近彼而三毒增　且令聞思修退轉
能使慈悲滅盡者　遠惡友為佛子行

依止何者罪過滅　功德增如上弦月
勝善知識及自身　愛彼勝己佛子行

自亦束縛輪迴故　世間神祇能救誰
由此依止不欺者　皈依三寶佛子行

諸極難忍惡趣苦　能仁為說惡業果
是故縱遇命難時　終不造罪佛子行

三界樂如草頭露　須臾剎那毀滅法
恆時不變解脫果　希求其為佛子行
無始以來慈我者　諸母若苦我何樂
是故為渡諸有情　發菩提心佛子行
諸苦源於欲自樂　諸佛利他心所生
故於自樂與他苦　如實交換佛子行
誰以大欲劫我財　或令他奪一切財
己身受用三世善　仍迴向彼佛子行
吾雖無有少過咎　他人竟來斷我頭
以悲心故彼諸罪　自身代受佛子行
何者於吾生誹謗　雖廣宣揚遍三千
仍復吾以慈心故　讚彼德是佛子行
何者於眾集會中　揭吾隱私惡言向
於彼還生益友想　恭敬其是佛子行
吾以如子養護人　彼若視我如怨仇
猶如母憐重病兒　倍悲憫是佛子行
與我同等或下劣　雖懷傲慢屢欺凌
吾仍敬彼如上師　恆頂戴為佛子行
恆受貧苦為人欺　復遭重病及魔侵
眾生諸苦己代受　無怯弱是佛子行

美名四揚眾人敬　財物量等多聞天
然視世妙無實義　離憍慢是佛子行
倘若未伏內瞋敵　外敵雖伏旋增盛
故應速興慈悲軍　降伏自心佛子行
一切妙欲如鹹水　任己受用渴轉增
於諸能生貪著物　頓捨卻是佛子行
諸所顯現唯自心　心性本離戲論邊
知己當於二取相　不作意是佛子行
會遇悅意之境時　應觀猶如夏時虹
雖現美妙然無實　捨貪著是佛子行
諸苦如夢中喪子　妄執實有極憂惱
是故會遇違緣時　視為幻象佛子行
欲證菩提身尚捨　何況一切身外物
不望回報與異熟　布施即是佛子行
無戒自利尚不成　欲行利他成笑柄
是故無世間希求　守護戒是佛子行
欲享善福之佛子　一切損害如寶藏
於諸眾生無怨心　修忍辱是佛子行
唯求自利小乘士　見勤猶如救頭燃
為利眾生功德源　發起精進佛子行

已知具寂之勝觀
能盡摧滅諸煩惱
遠離無色界四處
修禪定是佛子行
若無智慧以五度
不得圓滿菩提果
故具方便離三輪
修智慧是佛子行
若不細察己過失
以行者貌行非法
是故恆察己過失
斷除其是佛子行
因惑說餘佛子過
令自違犯且退轉
已入大乘行者過
莫議論是佛子行
貪圖利敬互爭執
令聞思修業退轉
故於親友施主家
離貪著是佛子行
粗語傷害他人心
復傷佛子之行儀
故於他人所不悅
斷惡言是佛子行
煩惱串習則難治
士執念知對治劍
貪等煩惱初萌時
即剷除是佛子行
總之何處行何事
應觀自心何相狀
恆具正念與正知
成辦利他佛子行
如是勤修所生善
為除無邊眾生苦
悉以三輪清淨慧
迴向菩提佛子行
追隨經續論典義
及諸聖賢之教授
為利欲學佛子道
撰此佛子行卅七

吾慧淺薄少學故　文劣難令智者喜
然依經典教言故　佛子行頌應無謬
然諸宏闊佛子行　智淺如我難測故
違理無關等過失　祈請諸聖賢寬恕
吾以此善願眾生　依勝二諦菩提心
不住有寂之邊際　等同怙主觀世音

10
轉經輪的意義

仁波切：

大家以為自身自由，其實不然。因被雜念煩惱所牽引，例如現在自認自主而三毒熾盛之人，死去也會因嫉妒、瞋念影響。自主能脫苦而獲得安樂，隨煩惱牽引則遭受苦難。透過慈悲的生起而能獲得自在的安樂。若想獲得安樂，此刻就應開始修行並轉化我執煩惱，同時觀想本尊和持誦心咒作為修慈悲心的方法。本尊的慈悲心及我們的內心如來藏本就是相同的。如此觀修本尊、持咒的功德極大。

經輪並非一般物品，燃燈佛創造經輪並贈予龍族，後來龍族供養給龍樹菩薩。龍樹菩薩與聖提婆尊者從龍族處迎請經輪。這些都有記載。其中也提到說手轉經輪的利益更勝於持咒的利益。原因是嘴巴可能會唸錯，但是經文的字母都是精確無誤了。所以大家要注意發音、舌頭的繞動。唸咒要作為功課，唸誦時也要清晰地讓自己聽得到，才會有很大的幫助。

摘自＜台灣噶千佛學會＞

11

轉動法輪、轉動慈悲

在 GBI 餐廳外面的小路上，放置了一座轉經輪，紅色轉經輪上繪寫著「嗡嘛呢唄美吽」，每當工作人員和僧眾們走過這裡，總會轉動這座經輪。有時也會看到，有兩個人在那相遇，彼此互相禮讓轉經輪，祝福慈悲的心藉著經輪的轉動，迴向三界，遍及宇宙。

在餐廳的桌上，也設置幾個小型的轉經輪。提供僧眾信徒隨時轉經輪。

仁波切每次在餐廳的時侯，常常一邊用餐，一邊轉動桌上的經輪，用餐時念念不忘的是饒益眾生。

仁波切：「輪迴眾生，大多數沒有時間修法。對於沒有時間修法的人來說，能將身口意三門的善業聚集在一處的法門，當數轉經輪了。不需太大的轉經輪。這樣一來怎麼樣都轉得動。經輪裡含有幾千幾萬幾億遍的咒語，當經輪轉動一次，就會有那麼多的咒語散佈出去。咒語「嗡嘛呢唄美吽」，會化現出觀世音菩薩。觀世音菩薩的真實意義是愛。猶如天降甘霖一般，不論你轉動多少瑪尼咒，咒語都會被風承載，攜同著愛，帶到眾生的心緒當中。當眾生心懷慈愛時，我執即被摧毀。

在轉經輪時，心不渙散心會專注，是心意的善。如果懂得禪意，此時了悟自他無二。當一邊想著要利益眾生，一邊轉動經輪，即使只是一剎那安住於慈悲心和菩提心，也能夠成辦身口意三善。」

12

日輪月輪吽字

剛經過 GBI 的入口木門時，路旁有一石塊，上面繪畫日輪月輪和吽的標誌，在仁波切佛塔的頂部也有這個圖像。這個直貢噶舉標誌，日輪月輪和吽字的組合，具備三寶三根本的意涵。

仁波切說：「這日月吽的標誌，具有外、內、密和究竟的四層意義。外的意義是保護修行者免於病災魔障的侵擾。內代表瑪哈嘎拉、阿企佛母和茲瑪三大護法。密代表悲智雙運。究竟的意義，吽字象徵法身。標誌下面是月輪，代表佛的化身；中間是日輪，代表佛的報身；上面吽字是空性，代表佛的法身。有些人認為這個標誌好像是直貢噶舉法脈的標誌，只有直貢噶舉可以用，實際上這是象徵著一切諸佛三密的功德。它代表著菩提心不同的三個面向，也代表佛陀的三個面向。以日輪，月輪跟吽字來做標誌，相應的是佛陀的嗡阿吽，代表佛的三密功德。」

嗡、阿、吽這三字為什麼如此重要？因為一切智慧本尊的種子字就是嗡、阿、吽。就算有上億的本尊法門，諸佛本尊的三密功德完全可以用嗡、阿、吽三個字作為代表。嗡阿吽代表事物的清淨本性，如同虛空是法身；彩虹雲彩是報身；大雨是化身。

13

上師的關房

在亞利桑那州，仁波切的關房是一個簡單木房子，噶貝喇嘛說是一個木箱子，拖運車可以把閉關房移動搬走的。閉關房頂和牆壁四周沒有絕緣設備，房間內只足夠放一張單人床，沒有燈，有一個小手電筒，從天花板垂掉下來。水瓶掛在門外樹枝上。沒有桌椅，沒有暖氣冷氣，也沒有廁所。

夏天的時候很熱，仁波切白天待在大殿，喇嘛屋，黃昏的時候，氣溫下降了再回到關房。仁波切灑些水在門外樹下的椅子，清涼一點。坐著打坐，直到夜晚氣溫微降，再進屋。冬天風雨大，關房常常上下左右晃動，好像快被吹走了。這關房仁波切住了十多年。

大約在七年前，有一位從歐洲來的 W 師兄看到仁波切的關房，哭著說：「仁波切我供養您的錢呢？」仁波切說：「你供養我的錢，是用來利益眾生的。」」後來，W 師兄特意再捐獻一筆錢，指定是用來蓋一間關房，送給仁波切。仁波切終於有了一間附有廁所的新閉關房。

在關房的南方和西側，仁波切放置水盆，供給鳥獸飲用。仁波切在關房誦經、打坐和閉關，經常有些動物來到關房門外，窗戶旁邊聽法，也來飲用仁波切加持過的水、食物，和甘露丸。

仁波切的愛，無遠弗屆，遍及所有有情。

仁波切的舊關房

14

甘露水池

仁波切設計的佛塔東側，有一水池。池邊放置了一些小佛像。當動物們經過水池、或到此喝水，便能見到佛塔、佛像，與水池中佛塔佛像的倒影。動物們在此喝水，便如同飲用了甘露水，都能種下解脫的因。水池的設立，是仁波切為動物們提供水源，希望動物們能夠因為三寶的加持，而得到解脫。

世尊說過：「以前在舍利塔旁的水池，有一隻小蟲掉進水池裏，死了。小蟲隨著水流轉水池裏的塔影，獲得了解脫的因。」

15
憶母桃樹

2017 年左右，仁波切為紀念母親特別在佛塔水池旁，栽種了一棵桃樹。沒想到，不久之後，意外的看到桃樹兩側長出了兩株玉米。貝瑪谷是母親生前的住處，玉米是主要的糧食。在 GBI 是長不出玉米這種農作物。仁波切說，也許是母親來到了這裡的徵兆。

16
小鳥的食糧

在甘露水池旁邊，設置了一座裝滿小鳥飼料的小木屋。全年三百六十五天，每天二十四小時免費供應小鳥食物，再配上飲料，甘露水池的甘露水。就好像是小鳥的餐廳。

仁波切謙虛的說：信徒們捐贈食物和錢到 GBI 來，我幫大眾代勞準備糧食，布施給小鳥。這是信徒們的功德。有時候看到小鳥彼此爭食在吵架，有的班鳩霸氣的啄走後到的小鳥；有的麻雀東趕西趕其它小鳥，忙碌好久，還沒吃到糧食，時間花在趨逐其他小鳥；有的小鳥吃了幾口糧食，就站在旁邊等，禮讓後來的小鳥先吃。看到小鳥跟人類的習氣相似，淘氣可愛，有善有惡，如果能夠實踐佛法教義可能會過得比較快樂。一花一世界，一鳥一世界。

17

瑟多納 Sedona

如果您來 GBI 拜訪仁波切和參加法會，可以順道到鄰近的城市，瑟多納旅遊。

一位住在德國的師姐，許多年來，每年十一月來 GBI 參加普巴金剛法會，圓滿法會之後，會多留下幾天遊覽瑟多納。她去瑟多納

許多次。她是氣功老師，對氣場很敏感，她說瑟多納的氣場很強，她喜歡去那裡步行和靜坐。

瑟多納，位於美國亞利桑那州，在 GBI 東北約三十英哩處。瑟多納，以紅岩石積具成山而著名，山為什麼是紅色的？這裡大部分山岩含有銅與鐵的成份。大約有八億年以上的歷史。在瑟多納紅色土地上，是神秘能量 vortex 聚集處，許多來自地球深處的力量。這力量使得當地樹木，向擰著的麻花一樣，旋轉成長。曾被主要旅遊雜誌評為全美國最美的地方。

瑟多納，北美印地安人崇敬的聖地，有幾處至今是印地安人的保護區域，需要事先報名，才能參訪。瑟多納，有「印地安人聖地」之稱。

這裏有很多步道自然天成，沒有扶手和階梯，天然形成、視野壯闊，也因壯碩寧靜的美，吸引全世界許多靈修團體，到此修學和靜坐。

第二部

本尊內功德，聲空無二

1

依怙祈請白度母

仁波切說過他這一生完全依怙白度母，祈請白度母，仰賴白度母。仁波切清淨的依止，緣起性空上，所有的佛法修持，完全依怙白度母，沒有個人的我執。圓滿了本尊和三寶的功德，證得無我的悲智空性。仁波切勤行實踐六度，饒益一切有情，示現度母的慈愛，明空雙運，大悲周遍。

仁波切開示

除了度母，我沒有其他的依怙。無論什麼事，我只祈請度母，我從來不會想我該這麼做或那麼做。我七歲的時候，進入了寺院，遇到改革期間二十年。改革開放後，父母已經不在，我無處可去，寺院裡沒有住的地方，只剩下一間沒有倒塌的小房子，我住了進去。我一心想要為佛法服務，從此也就這麼做，直到現在。在過程中，我遇到許多大小困難，無論何時，我只向度母祈請，心裡想著事情能解決的話，就會解決；如果不能解決就不會解決。我專一地祈請度母。

如今已成辦許多事，還剩一些沒有成辦。我可以隨時往生，往生

時，我將會把自己依怙於度母的雙手，變得乾乾淨淨。無論活著或死去，我都祈請度母。我也告訴所有朋友，祈請本尊。

至尊度母的修法，是非常重要的法門。在無量劫以前，還沒有這麼多本尊的時候，就已經有度母法門。度母的密續也是從古流傳至今，許多佛菩薩都是從修持度母法門而獲得成就的。歷代許多偉大的聖者，也是依止度母而成就。噶當、噶舉傳承，都將度母視為重要的本尊法門。阿底峽尊者曾親自見到度母，得到授記並且廣大地弘揚。白度母的悲心，利生事業是極其迅速的。

以前有一陣子，當我閉上眼睛，會出現黑點，這是開始失明的前兆。那些黑點不斷出現。當它們出現，我想起吉天頌恭的指示：「應於患病處觀想本尊。」我喜歡度母，於是便把黑點想成是度母。在黑點內有一個如針孔口般細小的洞。如今，無論何時，度母都會出現其中。

如何從究竟的觀點來看？當黑點出現的時候，如果我想著：「這是我失明的前兆」，那麼內心真的會生起恐懼，恐懼只會讓事情愈來愈糟。現在度母出現，沒有了恐懼，反而感到高興。高興的時候，血液會逐漸變化，疾病逐漸消失，對眼睛會有幫助的。這是真的，度母顯現了。哪個部位患病，就在那個部位觀想本尊。不要掛念疾病。

觀想本尊的身相，能夠消除自身的習氣。

2

我這一生，完全仰賴白度母

我這一生都完全仰賴度母，並且只向度母祈請，對祂有全然的信心。當我在勞改期間，監獄的看守對我們說：「你們的佛法給你們帶來的好處在哪裡呢？你們拿著念珠，坐在洞穴中，但是這麼做有什麼意義呢？現在你們全部都進了監獄，不是嗎？」有的時候，我也會對此懷疑並且納悶。但是正如佛法所說的，如果你想知道自己過去做了什麼，看看你目前的遭遇。這個身體是暫時的，是無常的聚合。修習本尊法，生生世世都會得到究竟的保護。

無論苦樂，完全臣服

無論發生什麼，快樂或者痛苦，都要臣服於本尊。如果我感到快樂，這是來自於本尊的慈愛。我於過去世培養了菩提心，積累了身語意的善行，所以現在我經歷的快樂，都是來自本尊。如果我遭受痛苦，是我的業，是我不經意的心所造作的行為所致。由於如此不經意的心，我輕忽了自己的愛和智慧，由於煩惱，從事很多負面的行為，而負面的業必然會成熟。

業成熟的方式有兩種。比如說一個已受皈依戒的人，一旦他受了皈依戒，懂得業果，就會有一些覺知和戒律，例如：「我不應該對別人感到憤怒。」有了這樣的認知，即使發怒，他會認知到這是一項錯誤。認識到這一點之後他會為此懺悔。懺悔，即使無法淨化所有負面的業，也能淨化大約一半的惡業。在他未來的生命中，部份惡業仍然會成熟，但是因為曾經懺悔淨除了一部份，所以將會得到救贖、得到保護。這是一種方式。

另一種情況是，一個從未受過什麼戒律的人，對於任何戒律都不感興趣，對任何靈性道路也不感興趣。他們認為自己可以做任何想做的事情，於是他們做了有業的行為。這些行為的業，是一定會成熟的。因為他們不知道這樣的行為是錯誤的，所以他們不會懺悔，也沒有辦法淨化任何事情。當業果在未來世成熟的時候，他們無法得到救怙，也沒有任何保護。例如，他們可能會接受某些醫藥方面的治療，但是沒有什麼能保護他們。還有某些人，例如這個國家的重要人物，即使他們外在受到保護，但是仍然難逃一死。一切都歸結於業力。業是非常根本的。我們應該這樣想，我們的快樂源於三寶的慈悲，而我們的痛苦源於自己的惡業。

身體會死亡，心不會死亡

當我在勞改期間，我知道，入獄是因為我的業成熟了。理解這一

切，使我受益。我在監獄裡遇到了我的根本上師，從此，我確信因果，從痛苦中得到了豐富的經驗。所以從意義上來說，在監獄中的這段歲月，其實是非常正向的時光，是本尊的加持。理解因果，把痛苦轉為道用。當我們從事負面的作為時，毫無疑問的某種結果將會成熟。那個時候我們就不能說，度母沒有保護我們。

無論如何，我都一直皈依度母。就算有人走過來用槍指著我，甚至企圖殺掉我，而我是否真的會死亡，與我的業有關。即使他們殺了我，也僅能殺死這個身體，卻不能殺死我的心。只要我不遺忘度母，即使在中陰的狀態，一切也會安好。在中陰時，心想著什麼，就會變成什麼，如果我能在中陰憶念度母，我的心就會變成度母。這就是佛性的功德之一，有著佛的自性。無論我們想到哪尊佛，我們就會成為那尊佛。

出自《台灣噶千佛學會》

3

度母救護仁波切

仁波切：雖然我的這些故事並不怎麼有趣，但卻具有正面意義。
若向本尊祈請，本尊具有悲、智、力三功德，而圓滿報身猶如彩
虹。你可能會想：「既然像彩虹，則什麼都沒有。」但並非如此，
本尊具有悲、智、力，因此我相信本尊。由於相信，我向度母祈
請，而祂也確實把我從多次大難中解救出來。每次我陷入困境，
本尊都救怙我，我的信心也隨之增加，因此我要告訴大家：本尊
存在。依於信念與信心，本尊即存在。你對本尊的清淨信與勝解
信也會增加，因此在此與大家分享我的故事。

溺水，1963 年。

在改革時期我被派去廚房當廚師。領導人說：「你很守紀律，工
作也很好，你很守規矩。」當上廚師以後，遇到了水的怖畏。
靠近做飯的地方有個很大的蓄水池。在這間工廠裡大約有幾千個
人。共有十個大廚房，還有一隊、二隊等等，共有十隊。我們是
喇嘛隊，可能算是第一隊。每個廚房有接水管到蓄水池，但有時
天氣寒冷，水管凍結了，我們就得用手推車載著水箱去打水，大

約走一公里左右到蓄水池。蓄水池非常大，冬天時會結冰。聽說以前夏天時，有人掉下去淹死了。蓄水池大如海洋，冬天時卻被冰覆蓋著。有一次我為喇嘛隊打水，若要打水，池邊有個洞，大家都在那裡打水，但水有點混濁，不怎麼乾淨。水池的中央有另一個洞，大部份人都不敢去，可能有點危險，但那裡的水非常乾淨。蓄水池邊有運水的推車，每輛推車由兩個廚師操作。大約有二十輛推車，共四十個人。我想為喇嘛隊打乾淨的水，便慢慢地走到池中央，打滿兩桶水，感覺很穩。我再走回池邊，把水倒進推車的水箱裡。

第二次打水時，我先裝滿了一桶放在冰地上，再裝另一桶，慢慢地放在冰地上。我的腳站在打水洞內側的兩塊冰磚，有兩個拳頭大小。其實冰挺厚的，但我有點粗心，同時把兩桶水提起來，太重了，腳下的冰磚突然裂開，我掉進水裡了！一個桶掉在冰地上，另一個桶和我一起掉進水裡，扁擔還在結冰的地上。水淹到了頸項，我當時穿著棉衣棉褲，天氣很冷，大約清晨六點。我看到遠處蓄水池邊的人們圍了起來。「有人掉進水裡了！」他們高舉雙手喊著。這時水已經淹到了嘴巴，我往下沉。接著我自然地浮了起來，我的衣褲已經濕透，我馬上抬起腳踢到冰地上的水桶邊，再用手臂撐著，棉衣馬上結冰，黏在冰地上。我把腳踢過去，抬頭看到了天空。當時我只想到度母，其他什麼也沒想到。大家驚嚇不已，我的衣服還黏在冰地上，使我無法站起來。大家都哭了。

我得救了。

車禍，2006 年

這次是我到了外國後，因持有中國護照，不需簽證也可以回家鄉，我就回去，在西藏住了半年。住在西寧時，美國在進行閻魔敵竹千，但我不能去，噶爾寺也即將舉辦閻魔敵竹千。噶爾寺的僧眾說：「既然你在西寧，我們所有僧眾就來西寧舉辦閻魔敵竹千。」我說：「不行！我一定要去 [噶爾寺] 參加閻魔敵竹千！」一旦決定，沒人能阻止我。幹部們說：「你別去，你夏天在這裡也會呼吸困難，待不住的。現在是藏曆十二月，你別上去，留在這裡，讓他們在噶爾寺修閻魔敵，你在這裡修，別去。」

我無法參加美國的閻魔敵竹千。現在人已經在這裡卻不去參加閻魔敵竹千，我心想：「喔！我在這裡卻不能參加閻魔敵，那還不如死掉。無論如何我死也要去，我一定要去！」

我有一位親戚名叫索南·拉嘉。他借我一輛好車，還有兩個司機。我請他們載我去噶爾寺。當時是藏曆十二月，路上因下雪結冰，車程需要一天一夜。還沒抵達竹節寺，就在竹節寺前的地區，地名不太記得……好像是達拉與丹達。我們的車子撞到，往前翻覆，我就在前座。車裡有五個人，他們全喊道：「噶仁波切！」噶仁波切就在這裡！我什麼也沒想，只想著度母，雙手緊握著轉經

輪，深怕轉經輪斷掉。

翻車後，車門卡住了，我出不去，窗口的玻璃也碎了。我的衣服很厚，袖子卻被玻璃割破了，還割開了一條脈，流出很多血。我怕別人看到，馬上把袖口握緊，什麼也沒說。我想開門卻開不了，只好用手杖把玻璃全打碎，從窗口出來。車裡的五個人完全沒事。出來時發現，我這一生真是遭遇了最嚴重的車禍！怎麼一回事？是度母救了我們，我們五人才沒事。我有個朋友是司機，他開的車往旁邊翻覆，他和囊謙縣鄉長就這麼死了，車子並沒怎麼樣。 我們的車往前翻覆，全毀了，完全不能開，我們馬上叫了拖車把車子拖回西寧。修車的人說：「車撞成這樣，絕對沒有人能活下來的。」但我們五個人 都沒事。車子被拖走了。天氣很冷，我原本緊握著袖口，但血一直流，袖口鬆開，血還是流了出來。這時有輛車子經過，我們在這裡完全沒認識的人，但車裡竟然是竹節寺的僧人！竹節寺的僧人都認識我，他馬上停車問道：「怎麼了？」我說：「我們的車子沒了。」我問他：「你怎麼會來這裡？」他說：「我很自然的就從竹節寺開車出來了，沒特別的目的。」他請我們上車，送我們去竹節寺。

我們途中停在一家餐廳，那個地方叫丹達。我在餐廳把傷口包起來，吃了點東西，然後直接去竹節寺。到了竹節寺，噶爾寺的車子也到了，恭卻‧巴桑等人來接我們。我們說：「出車禍了。」

接著為了包紮傷口，我們先去玉樹州的州人民醫院。到了醫院，一個人也沒有，大家都在睡覺。我們打了電話，才來了一些人，但醫院裡沒有醫療品，他們馬馬虎虎地把我的傷口包紮起來。我的手臂很痛，他們用棉花塞進我的傷口，就這樣把傷口蓋起來。

我們離開了醫院。策勒寺的僧眾很喜歡我。他們兩百多人排隊到「隆巴達」，在路邊等我。我之前已決定要去策勒寺。現在由於車禍，恭卻‧巴桑等人說：「如果你去策勒寺，我們會躺在路上，從玉樹擋住你的去路。」我說我一定要去，死也要去。從玉樹往竹曲河的方向去策勒寺，需要花兩個小時，回來也要兩個小時，共四個小時。我們無法抵達策勒寺，而到了尼師院。那裡有很多阿尼，有兩百名。我與她們每位頭碰頭。我的手臂越來越痛，但什麼也沒說，勉強忍著。

接著我們到了噶爾寺，閻魔敵閉關開始了，我什麼也沒說，參加了閉關，心想在閉關時，死就死吧！有位現在住在加拿大的弟子恩貝，她的男朋友是醫生。他們在西寧準備飛回美國，聽到我車禍受傷的消息，很擔心。他們馬上買了紗布、藥、各種醫療品，要過來噶爾寺。他們到香達時，投靠無門、沒車子。恩貝把上好品質的皮靴當租金，租下摩托車才來到噶爾寺。真可憐！到了噶爾寺，他們倆參加閻魔敵閉關。我的傷口已經拖了很多天，醫生清理我的傷口時，全是膿血。他晝夜每天兩次幫我換紗布，幫我

清理，如果沒有他們，可能我已經死了。來自美國的醫生伴侶救了我，這是度母的加持，把 我從車禍的怖畏解救了。

夢見度母

說度母救怙故事的目的是什麼？我相信度母，一切本尊皆相同。無論何時，我都緊握轉經輪，向度母祈請；我也告訴他人要向度母祈請。由於我對度母有極大的信念，到美國各中心時，他們都會為我掛上一幅度母的唐卡。無論我到哪兒，人們都為我掛上度母的唐卡。

一天清晨，我還在睡覺，但睡得很輕。我感覺到一隻手在輕撫我的頭。我知道是夢，心想：「能不醒來多好。」那隻手像撫摸孩子般撫摸我。過後我說：「這幅唐卡多少錢，我都願意付。」他們說：「唐卡是新的，沒值多少錢。」就這樣送給我了，現在掛在亞利桑那州。

雖然唐卡是全新的，由於我相信本尊，祂的確撫摸了我。現在有這尊度母的法照，我印了上萬張送給大家。有人請我寫一篇祈請文，我也寫了。現在我給大家的度母法照就是這尊度母。我如此多次遇見度母。

在我沒出國前，還住在噶爾寺時，有一次病了。這個故事或許沒

放在我的傳記裡。當時我病得很重，但在冬季的三個月裡，仍然每天二十四小時修法。我有一個承諾：「如果沒有經由邀請，即使是托鉢，我也不去；如果有人邀請，即使是三更半夜，我也會去。」如果只有一個人求受皈依戒，即使是深夜，我也會傳授。這是我衷心的承諾。因此在整個冬季的三個月內，每天二十四小時，我沒時間睡覺，大部份的人都知道。

當時我病了，便在上噶爾寺進行白度母閉關。我想：「現在或許要死了，死了也很好」當時我在耶喜‧措嘉的洞穴裡，裡面很乾淨，死在裡面很好。我在寺院時，根本沒待在房裡。晚上一定會到外面，如野生動物般到曠野去。我毫無恐懼，不需要床或棉被，我這樣訓練自己。我習慣了獨自一人，不需任何寢具。

那一次，我住在耶喜‧措嘉的山洞裡，我已圓滿累積度母心咒。圓滿後，我在措嘉洞裡修度母火供。我想，如果死，死在耶喜‧措嘉的洞裡是很好的。 接著我生病的消息傳開，竹巴‧羅卓聽到了消息。他告訴我嘉波仁波切和其他人請求我出國，我說我不想出國。竹巴‧羅卓說：「你一定要來，否則我開車來接你。」現在提起來是因為當我在修度母火供時，作了各種各樣的夢，多次夢到度母。竹巴‧羅卓向 直貢法王 稟報了一切，這也有記錄在我的傳記裡。當時我無法決定該不該出國。我有護照，我告訴布尼瑪：「你去辦護照，如果拿到護照，就是該出國的徵兆；如

果拿不到,就是不必出國的徵兆,而我也不會去。」

我想如果我們不嘗試,竹巴・羅卓是不會死心的;結果護照拿到
了。之後,一個地方的名字——亞利桑那出現在我的夢裡:「亞、
亞、亞」,度母為我顯示「亞」。喔!原來指的是後來成立中心
的地方就是亞利桑那卅,我明白了。我有許多大大小小的怖畏,
無論遇到什麼困難,度母總是化解一切。

摘自《台灣噶千佛學會》

4
普巴金剛竹千法會

普巴金剛是仁波切主修的本尊之一,仁波切每年於世界數個國家帶領普巴金剛竹千法會。為留下珍貴教法利益弟子,仁波切不辭辛勞,詳盡闡釋普巴金剛法本。仁波切心心念念,希望能夠利益弟子們在修持的時候,清楚了解法本中偈頌的意涵,隨文觀修,體悟普巴金剛的心要。我們認識普巴金剛要從四種面相來談:

第一,覺性本來智慧普巴

覺性本來智慧的普巴,指的是見地,「見地的堡壘」或「覺性的堡壘」就是智慧的普巴,也就是所抉擇的究竟見。大手印的見,或大圓滿說的抉擇本覺,或是按照教證跟理證所抉擇的大中觀見解,稱為覺性本來智慧的普巴。

「覺性」到底是什麼呢?覺性就是能夠朗朗了知者,例如能夠朗朗明知「苦因為煩惱、樂因為善根」的那個覺知的本體,我們稱為「覺」。它明朗知道「痛苦源於煩惱,煩惱才是真正的仇敵」。這樣的「了知者」,稱為「覺」,就是周遍一切佛種性的如來藏。

就像尊者密勒日巴所說的,應該要區別心識與本來智慧的差別。

本來智慧指的是不落四邊，不落極端，是超越的狀態。也就是說：它不是虛無的，因為具有明朗性；它也不是實存的，因為本質空，所以它既非虛無，也不是自性存在，它超越了對立性，了解這一點就不會陷入凡庸的心識當中。若具有如此的見，煩惱就好似薪柴，能夠燃燒出智慧的火焰。我們稱之為見地的堡壘，就是掌握自己的覺性，也就是第一個：覺性智慧的普巴。

第二，無量悲心普巴

無量悲心普巴，一旦了悟內心實相法性，這是非常幸福的境界，因為你會知道生命中不論如何的快樂痛苦，都如夢幻般，沒有任何值得眷戀的，心是極其愉悅的，不能了解心的實相法性的話，可能會因為貪欲迷戀而產生耽著，比方說對今生有某種戀棧，就帶來了廣大痛苦，一旦不能承擔時就產生自我了結一途。若了悟自心實相，就會對眾生懷有悲心，想方設法為眾生謀利，你的悲心越加強烈，饒益眾生的力量也越加強大。

我們了解眾生的心會變成冰塊，皆由於我執煩惱，但我執煩惱皆是暫時性的，並非心的真實本性。眾生的心的根源就是佛陀，要直接看眾生的成因是什麼、本性為何？不要管他是否有煩惱與耽著，而是直視「眾生的本來基礎都是佛」這一點，如此一來，就真的能對眾生生起慈心悲心，不管他是有執或無我執的境界。經

典所說，一個真正解悟空性之人，自然而然地會產生利益眾生的態度跟想法。有些人認為，我們的發願「眾生具樂及樂因、離苦及苦因」，都是口頭禪式的唸誦而已，其實不是如此，你真正了解「眾生基礎都是佛的自性」，如此安立在眾生心的實相之上，自然會產生慈心悲心，甚至擴大，一直到產生無量的慈心悲心時，就會產生無我證悟，超越我執，最後曉得何謂無二性。無量心悲心之普巴，就是第二種普巴。

第三，菩提心普巴

「菩提心普巴」，它有兩個層次：第一是密宗的任何法相都有三種意義，分別是標誌、象徵與內涵。第二個層次，就是以普巴金剛實修，將不清淨的氣、脈、明點轉化成清淨相佛陀法身、報身與法身三身。

經由瑜伽法而了悟自力法身，就是掌握法身的境界，超越一與多，達到法身境界。所謂一與多，一味與多味是無差別的。「一味」就是諸佛在智慧界上都是一體，無有差別的。一味當中能現出廣大報身與化身就是「多」，而報身和化身又不離佛自性。

有些人認為證得佛果的境界好像虛空般捉摸不定，一無所有。其實不是如此，要曉得法身、報身也是雙運的：「法身」就是諸法體性空的層面，其自性是明性，具有明分，因此不是空空無也的

「空」，而其明分就是「報身」，報身有所謂的無量無盡的報身剎土，是法身妙力的展現。

再來是化身，佛陀化身是由六道現起的，以不同形相饒益眾生，眾生有清淨有情、亦有不清淨有情，他們都能夠看到佛陀的化身。比方說，尊者達賴喇嘛，在他度化的眾生中，有的是清淨的眾生，有的是不清淨的眾生，都能夠看得到他，這是世俗相對的角度而言。究竟勝義諦而言，「實無眾生可得」。

第四，有相物質普巴

壇城中的普巴杵，代表有相物質化身的普巴，它展現四種密宗事業，即無量的慈悲喜捨，展現為息增懷誅四種事業。有相普巴的功德之一就是，不管放在哪裡，不管大小，只要置於壇城，終究代表廣大壇城，透過普巴杵就代表這個四種廣大事業，而它主要的是行持忿怒事業，就是轉化我們貪瞋癡的事業。不管如何，我們都有一個身體，有清淨或不清淨，身體是由我們的肉血骨組成，相應於貪瞋癡三毒，故有愚癡展現為肉、貪欲展現為血、瞋恨展現為骨。

我們投生時就是由父精母血加上自身無明心，入胎成為胚胎。我們身體就是瞋心、貪欲與愚癡三毒和合的展現，但是，三毒的清淨面目就是佛三身，轉化我執心為利他心，最終成辦佛陀法報化

三身自性。

以息增懷誅四種事業利益有情眾生，在利益方面會有上中下三種不同根器的差別，但用意是一樣的，比如在過去世，可能發了錯誤的願，傷害眾生的行為，而造下種種惡業，因此今生有三毒自性的身體。我們在行持密宗事業時，就修法淨化儀軌，觀想三毒肉血骨，加以焚燒淨化為佛三身的善妙方便。在修持法門時，以有相的普巴金剛杵作為輔助，實際上它的真正意涵就是轉我執為利他，轉三毒為三身，這樣的事業稱為忿怒事業，普巴金剛還有其他事業，但以忿怒事業為主要事業。

三個要點

現在修持的普巴金剛屬於密宗續部法門當中的金剛童子，只要修忿怒尊都會談到三個要點：見地的堡壘、禪修的關隘與行持的命根。

一、勝義見地的堡壘

以勝義的觀點而言，見地的堡壘必須先確認見地，即心的自性，稱為「覺性本來智慧的普巴」，遠離一切二元執取。了悟見地之後，必須透過禪修，確認於內心生起的所有煩惱。見地能調伏內心生起的一切煩惱與妄念。當你獲得如此的究竟見地，即能克服

所有自他二元的分別念。見地必須時時刻刻持守，這與正知正念相關。若對自己的根本上師具有強烈的虔心，將能確認自心與上師的心無二無別。上師的身並非真實的，更重要的是上師的教言。透過了悟上師的教言，可尋獲上師的心。上師的心是世俗菩提心，即利他心。唯有透過世俗菩提心，才能了悟勝義菩提心，即無二本初的覺性。

二、禪修的關隘

在進行任何活動時，若心與上師的心無別，即是越過禪修的關隘。從實修的角度而言，越過禪修的關隘是確認內心生起的所有粗分與細分的煩惱及妄念。不執取任何活動，不執取二元概念，即越過禪修的關隘。一旦受到二元概念的控制，禪修的關隘顯現，你將墮入其中。我們必須維持覺性以越過禪修的關隘。

三、行持的命根

至於行持的命根，於日常行為中，當我們遇上各種情況，並貼上愉悅或不悅的標籤，將於內心激發強烈的情緒。若在那一刻能維持無二的見地，一切情緒將自我消融。〈普賢王如來願文〉裡提到：「安住自覺本來處，三界怖亦不恐懼，於五妙欲不貪戀。」只要仍有二元執取，你將繼續流轉於六道輪迴，因此我們必須確認見地。若安住於遠離二元感知的見地，所有粗分與細分的煩惱

及分別念，在生起的那一刻將自我消融。

為了越過禪修的關隘，必須精進修持。為了行持的命根，也必須精進。

即使只是在吃著一湯匙的食物，維持正念，覺知食物的味道是什麼、確認內心的起心動念。食物的淨與不淨，自性皆相同，唯一的染污是充斥我執的心。密勒日巴尊者說過，首先確定見地，接著透過禪修獲得體驗，最終將體驗融入日常行持。我們於行、住、坐、臥，都應該隨時觀照自心。

無論是舊密續或新密續，例如大手印的見、修、行，或這裡提到的堡壘、關隘及命根，名相不同，但涵義皆相同。無論是金剛乘的哪一個傳承，涵義皆相同。

摘自《台灣噶千佛學會》

5

文殊閻魔敵閉關

慈悲的仁波切，以其佛行事業力，歷年來在許多地區舉辦文殊閻魔敵大成就法閉關，利益許多僧眾和有情。在 GBI 每年大約二月份，仁波切親自主法文殊閻魔敵閉關，在法會前一週，從大殿到餐廳的路徑上，臨時會用木板，築成一道密閉的走道，工程繁難，花費許多時間和金錢，可見得仁波切對文殊閻魔敵修法的重視。

《文殊閻魔敵續》：「末法時期眾生煩惱粗重，沉溺於各種惡行，此時其他本尊之加持與力量已消散，故難證成就，然文殊閻魔敵之加持與力量將相形益彰。」

噶貝喇嘛說：

文殊閻魔敵閉關，是按照傳統習俗，比較嚴格。閉關期間禁語，不能出去戶外，不能聯絡外界， 二十四小時不間斷持咒，晚上每二三個小時起來修法，打破自己一些執著和概念的限制。對修持心性很有幫助。佛教續部指出，末法時期眾生修持本尊法難有成就，但此時文殊菩薩的忿怒化身—文殊閻魔敵的加持力反而變

得更強大。

末法時期的眾生煩惱粗重，寂靜尊幾乎無法調服他們的心，因此諸佛出於大悲，為利益眾生而化現出忿怒尊。眾生的煩惱是由無明而起，特別在末法時期，文殊閻魔敵淨除無明遮障的力量更是廣大無邊，文殊閻魔敵的智慧心是大智與大悲的結合。文殊閻魔敵的另一個特殊層面是遣除障礙。修持此本尊能扭轉不利的因緣狀況。此外，文殊閻魔敵大成就法，也能為全世界的和平與安樂帶來極大的加持。

仁波切說：

修持文殊閻魔敵大成就法能產生廣大的利益，因此我們盡可能的多舉辦此閉關。這個法門不僅能利益整個世界，也能利益修持的個人。為此，我們務必在世界各地保留並繼續文殊閻魔敵大成就法閉關的傳統，直到未來世。

6

利樂甘霖

在 GBI，週六的早上，喇嘛屋有時候開放大門歡迎僧眾和法友們一起和 仁波切共修煙供和早課。煙供的法本是《利樂甘霖》。法本內文有煙供儀軌及白財神的修法。此一法本是仁波切立名的。 仁波切說，這個教法是蓮花生大士所流傳下來的。

仁波切說道：

這個儀軌，在藏文的意思，就是清淨的煙供。譬如當一個人內心陷入各種痛苦情境的時候，藉著某一些因緣，突然之間心中的痛苦不見了，當下，內心無比的喜悅。修持煙供儀軌能夠淨除我們內心的一切痛苦。在此儀軌中，一開始提到，以長壽殊勝的五大物質做煙供材料物，祈請遍知的三寶加持眾生。佛具有法報化三身，經由法報化三身化現成地、水、火、風、空五大的物質，顯現出世間各種的樹木和花果等。

在南瞻部洲東北方的一座山，山腳處長有野蒿，山腰有柏樹，山頂上有白色的杜鵑。野蒿、柏樹，和杜鵑白色的花朵，皆有殊勝的功德。白色杜鵑花的花汁，鳥類會去吃，具有長壽甘露丸的特

性；柏樹不畏寒冬，終年長青。我們時常能夠看到樹齡超過數十年的柏樹，柏樹是長壽的象徵。

這些樹木與花果有三世一切諸佛的加持，目的是要淨除一切有情眾生迷亂妄念。所謂眾生的迷亂妄念，指的就是我們具有強烈的我執，產生了貪瞋痴等等的迷亂妄念。為了淨除種種的妄念，三世一切諸佛加持了樹木、花果和藥材等等化現五大精要的種種。

神、人、鬼三道的有情，外相不同。三道有情各自依著菩提心的大小或有或無的差別而在顯相上有所不同。例如菩提心較強的眾生投生在天道，中等的投生人道，下劣的投生鬼道。所謂的鬼，指的是菩提心非常下劣，甚至內心具有非常強烈的瞋怒、怨恨、淒恨信念的眾生，因此感得下劣鬼道的投生。為了利益一切有情眾生而化現的煙供材料物，是依著業力、福德以及佛所發的願力而相應化現的。也就是說，由於菩提心的善業，感得殊勝的福德，加上佛菩薩的廣大願力，種種因結合成熟的緣，產生了上述這些具有無死功德的煙供材料物。

三世諸佛的加持下，化現的野蒿、柏樹、杜鵑花和種種清淨物，是法界本自清淨的體性中加持而產生的，也是三寶真實語加持而產生的。所謂的「三寶真實語」指的是佛的真實語，願一切有情眾生能夠解脫輪迴的痛苦，具有這樣真實語的加持力。除此加持

力之外，尚有一些修持的仙人與成就的持明眾的加持。煙供材料物是這麼的殊勝。

煙供的利益

煙供可以淨化有情眾生的煩惱雜染、身體的疾病違緣和世間法的各種障礙。由於過去生造作惡業，現世遭遇到非人鬼神的邪煞和詛咒，藉著煙供的修法可以得到清淨。

煙供也可以圓滿淨除一切占卜出來的障礙。有時候我們無緣無故感染某些疾病或類似中風的狀況，也都是由於惡業和煩惱。我們的瞋怒心，影響或傷害非人鬼神，因為他們受到了障礙，反過來的果報是，讓我們遭遇障礙。這些狀況，藉著煙供也可以淨除。

再者，外在器世間、如地震、水火風的災難也是如此。當無形的鬼神受到很大的染垢、污穢，可能導致了外在器世間的災難。

其它如家人之間的爭執或衝突，也會導致家中的守護神遠離，進而產生各種不吉祥的相狀，修煙供也可以淨除。

修持清境煙供的儀軌，供養怙主、上師、諸佛、正法寶、賢聖僧，以及一切有情。六道有情眾生，沒有辦法自己如實受用普賢供養雲一般的情境，所以我們以慈悲心修持煙供利益他們。以菩提心

的心念，觀想化現普賢供養雲，去利益有情眾生。

煙供是為了利益一切有情眾生而做的修持。因為具菩提心修持的緣故，可以感得暫時利樂和究竟的喜樂。就勝義而言，佛菩薩與一切有情眾生是沒有分別的。就好像是大海的波濤，大海是佛的祈請，波濤就好像是眾生迷惑的狀態。

修持煙供，可以淨除一切不清淨的過患，以及內心所有的貪瞋嫉煩惱。我們常常提及佛法的修持中，有所謂的外、內、密三種不同次第的修持。外的修持，就像我們一般顯現在外面的行為；內的修持，就是我們內心思維的種種意念；密的修持，是認識自己的本性。

煙供的修持也是如此，會有外、內和密這三層的涵義。外的修持而言，就好像我們的各種念誦和儀軌等；內的修持指的是，彼此之間、人跟人之間、我們跟家人之間以及國家跟國家之間，內心時時刻刻為了彼此生起慈悲和善的心念，這就是所謂內的修持。密的修持，是淨除內心的無明。

文章出自《集瑞煙供儀軌法》
恭秋琶牟整理

【第二部】本尊內功德，聲空無二

7
簡版煙供儀軌

有信徒問仁波切，修煙供時間有沒有限制？會不會招致鬼神來干擾？

仁波切回答：修煙供時間是沒有限制的。容器不需要太大，小小的容器所燒的材料，煙供物如果具足各種材料，那很好。如果香沒有具足各種材料，可以加上各種甘露丸。甘露丸本身具足各種材料，成分包括了五珍寶和五藥。把甘露丸，磨成細粉末加在煙供物上面。內心緣想煙供，遍滿虛空供養十方法界。

修煙供時，你的內心出自無比的慈悲心去供養，沒有任何瞋恨、嫉妒和煩惱的意念，所以鬼神不會惱害你的。煙供只會帶來善的的利益，沒有任何的傷害。煙供是為了利益一切有情而做的修持。因為具有菩提心，所以感得暫時與究竟的利益。所謂暫時的與究竟的利益，指的是當我們發起菩提心來修持的時候，縱然此時的菩提心微小，不僅可以感得暫時的利益，最後也可達到究竟的喜樂。

信徒問仁波切，有沒有較簡單版的儀軌？仁波切提供簡版儀軌：

律儀誓言戒律馨香氣，進化一切頹敗之污瑕，
惟願聖眾歡喜加持力，令諸眾生戒律具芬芳。
白淨十善行儀芳香氣，淨化不善罪行之污瑕，
惟願善神天龍歡喜力，無餘世間眾生具安樂，
雖然一切境神地基主，淨以清淨意樂此芳香，
惟願嫉妒惡毒污瑕淨，沾染仁慈悲心之香氣。
製以完全純淨眾材質，並且愉悅勤奮作調配，
惟願廣大煙供勝香食，此會部多無餘悉滿意，
由彼之力我等眷屬之，人財畜諸耗損全脫離，
財富圓滿增長且興盛，賜予如意滿願之成就。

8

臨終和超度

GBI 每個週日下午提供禪坐教學、靜坐、白度母儀軌及問題解答等共修活動。

阿布喇嘛說：

在藏區有些信徒，當他們的父母家人和親友病重或往生的時候，信徒會到噶爾寺布施錢財請求寺廟或仁波切替病亡者，唸經，修頗瓦或超渡。如果仁波切知道了，也會替病亡者修法加持。仁波切除了立即修法之外，也會在星期日下午共修白度母的時候，慈悲的引領大眾一起替亡者修超度法。藉由修持超度法，淨化中陰眾生的遮障，從我執中解脫。一切有情和中陰眾生都是我們悲憫的對象。當我們修持超度，他們真正收到的是愛。

仁波切：

在臨終者的房裡設置一個如佛堂的環境。在他的視線範圍內擺設阿彌陀佛的法照及其根本上師的法照。理想上是讓他的頭朝向西方，唯有在為了不讓他感到不適的情況下，讓他右臥。在房裡的

所有人應該保持寬闊、慈悲的心，並控制自己的情緒。若無法控制情緒，請離開房間。對著臨終者的頭部方向，以中等音量重複播放阿彌陀佛心咒，這將有助於引導他的意識移到頂門。其他雜音則保持在最低限度。

根識關閉

在死亡過程中，臨終者的根識開始關閉，他很有可能無法溝通他的感受。聽覺是最後關閉的。此時，溫和地指導臨終者專注於心與發心，提醒他在進入轉換的旅程中會遇到什麼現象。最好是在臨終者的左耳說話。指導臨終者：觀想阿彌陀佛在頂門；設定意向從頂門離開身體，融入阿彌陀佛或上師的心；祈求阿彌陀佛，其體性為具恩根本上師。播放彌陀心咒有助於臨終者保持覺性。

如果臨終者對他的根本上師或其他皈依處有極大的虔敬心，包括本尊如度母或其他聖者，指導他只需憶念虔敬心的對境。還有極為重要的是提醒臨終者，保持菩提心的發心與充滿愛的祥和之心。

記起本尊

對本尊強大的信心，本尊將於中陰時，剎那顯現。在你的一生中，例如你接受過觀音菩薩的灌頂。在灌頂時，你收到一張本尊的法

照。你感覺到自己接受了這位本尊的灌頂，觀音菩薩的灌頂。即使只是一次灌頂，你從領受灌頂確認了本尊。據說如果已領受灌頂，即使你在一生中沒有修持本尊，但你對本尊具有強大的信心與親切感，透過這股力量，在中陰時，本尊自然能在一剎那間顯現。

在中陰，所有正面與負面的業力習氣會生起，心識在整個世界中遊蕩。當你記起或聽到某一本尊的名字，本尊的完整形象會馬上在你面前顯現，你也能直接見到本尊，這是透過你對上師或本尊的信心與慈愛的力量。本尊可能是任何一尊你領受過灌頂或口傳的本尊，這也是為什麼在灌頂時，收到本尊的法照是如此的重要。透過法照，我們見到本尊、確認本尊，之後在中陰時，這將

帶來極大的利益。

我執，投射成恐懼

仁波切說：「我們唯一真實不變的友伴是三寶、上師與本尊。所有世間的同伴皆無常，死時一個都帶不走。」臨終是每個人生命中必將面對的課題，也是許多法友向仁波切請示及尋求協助的部分。在中陰，由於我執，你處於孤寂之道，我執將你隔離成一個孤單的個體，而其自性是苦。

一旦有我執，以個體存在，其自性即是痛苦與恐懼，因此有極大的恐懼。你被迷亂的感知折磨。

由於「我」的感知，一直害怕某些事將發生在自己身上，會被傷害等等。現在也是如此，當你看到一隻蚊子，就認為牠會叮你，認為某些事會發生在你身上。當「我」的概念存在，自然會投射成恐懼的顯相。

死亡是解脫的重要時機，關鍵時刻需做好準備。

仁波切說：如果你想著「我」，執著這個「我」，那麼無始以來在這個「我」之中的所有印記和業會讓你繼續輪迴。認識這一點，你就是佛，不認識這一點，你就是輪迴中的眾生。

9

阿彌陀佛淨土

很多藏族信眾,當他們的父母或親友在病重或死亡時,無法很快
聯絡上噶千仁波切,請仁波切修頗瓦法,因而感到很難過。仁波
切知道後特別為藏族法友和僧眾,開示阿彌陀佛淨土的殊勝。

仁波切說:

我們每個人應該都向阿彌陀佛祈請,在往生時投生極樂淨土。無
論早晚任何時候,都要觀想阿彌陀佛在頭頂上。如果能這樣虔誠
觀修,那麼當你閉上眼睛的時候,阿彌陀佛就會出現在眼前,在
頭頂上。會跟「極樂世界祈願文」內容說的一樣。每個人頭頂上
都有一尊阿彌陀佛,外相上雖然我們向阿彌陀佛祈請,但本質
上,我們的心跟諸佛的心是一樣的。因此臨終時,如果沒有旁人
可幫忙修頗瓦法 ,是沒有關係的。你觀想自己的心向上,融入
頭頂上阿彌陀佛的心 我的心跟阿彌陀佛的心是相同的。這就是
頗瓦法的精要。

菩提心像飛機,可以載你到淨土

阿彌陀佛的淨土，功德是很大的。阿彌陀佛的極樂淨土，是阿彌陀佛經由三大阿僧祇劫，發願而成就的圓滿佛果。在祂的極樂淨土中，所有一切的受用，都是圓滿具足、本自具足的普賢供養雲。這是因為修持菩提心的緣故，成就了圓滿的佛果。由菩提心顯現的莊嚴淨土，這個淨土是菩提心的淨土。

我們這些六道有情眾生，因為具有無比惡業和瞋怒的緣故，所以就顯現地獄的情境。地獄就是瞋心展現的果報。有多少眾生，就有多少阿彌陀佛。當心識離開身體的那一剎那，心識就變成阿彌陀佛，然後你憶念阿彌陀佛，阿彌陀佛將會顯現，這是毫無疑問的。你可以對此生起信心。

10
金剛頌

仁波切說：

一切輪迴、涅槃諸法，皆有外、內、密三層含意，譬如一個人，他的身體屬於外在，語言以及種種分別念屬於內在，秘密層面則是心。

嗡阿吽金剛誦是最究竟的密宗法門。密法本身是怎麼一回事？得到菩薩境界，才能體會佛的功德—也就是三身的本體。此心性實相的功德，如同日光照在水晶上，會折射出各色斑斕的光芒。如此體會佛陀三身的功德，稱為「密法」。

身是外在，語言與分別念則為內在，秘密層面就是心。心為佛因，佛由心性。理解這些，就理解了密宗的意義。

佛法的究竟奧義到底是什麼？首先，佛陀為覺醒者，也就是從自他執著中覺醒。有了強烈的慈悲，就會擁有強大、開廣的心，心就變得像虛空一樣。當心變得如同虛空，安住於此，便不會生起自相煩惱。

接著，如同彩虹般的報身—也就是慈悲，則由法身現起。報身又會在迷惑的世間有情面前，示現種種化身，如：工巧化身、受生化身，種種化身…等，藉此饒益有情眾。

當我們了解佛陀諸多的功德，進而希求獲證佛陀果位。密宗的道次第，能令我們獲得如是果。理解這些道理，將能認識密宗的一切意義。首先，從別解脫乘而入菩薩乘，再由菩薩乘入密乘。

密法裡面有很多的本尊，有百千萬億的諸佛菩薩，還有無數壇城…。若打算一一實修這一切，就得依次修學事續、行續、瑜珈續，到了無上瑜珈續的時候，就算有再多的本尊身相、智慧尊，也是相同的。佛身為顯空雙運；佛語為聲空雙運；佛意為覺空雙運。

我執是一切痛苦的因

我們應當思考一切有情的痛苦。痛苦的成因為何？痛苦從何而來？苦由煩惱起。今日世上戰亂頻仍的國家，其動亂從何而起？源於瞋恨與嫉妒。瞋恨與嫉妒又從何而來？從我執而來。

人們總認為我自己快樂就好，所以牽扯出許多災禍苦因，這不外乎就是瞋恨、嫉妒這些煩惱罷了，也可以說：除了我執以外，別無苦因。總歸一句話：痛苦的主因，就是我執這麼一件事而已。

三界有情眾生都認為有個「我」存在，但他們的「我執」，以及我自己的「我執」，實際上有無區別呢？

觀察後，我們將會發現：別人的我執，和我的我執，是一樣的。

當我們再去思維：「我」從何而生？則會發現根本沒這回事，我們自以為是的「我」，根本不存在。我們只不過是在「無我」的事實中，虛造、執著有個『我』在那兒罷了。

那麼，為何我們無法了悟，我並不存在呢？由於無始以來，我們已經太習慣「我」的存在了，一旦習慣了，就像是海水結冰一樣，難以改變。諸佛本來皆相同，猶如大海。海洋寬廣浩瀚，然而只要是海水，卻沒有兩樣。無量諸佛，多如海水，他們的利生事業，則像是海面的波浪。眾生的輪迴相則像是冰。為何像冰呢？因為我執。我執引生煩惱，煩惱導致造業，在業與習氣之上，眾生建立起了輪迴。我們一定要認清？根本問題在於我執。

凡是本尊的生起次第，都會觀想額間的嗡字；喉間的阿字；與心間的吽字。認識佛陀的三金剛功德後，透過嗡阿吽三字，你就會知道，原來在智慧界中，一切諸佛皆相同；雖然各個本尊的外在身相各不相同，但內在的身語意是一樣。也會明白：一位本尊的身語意，就是一切諸佛的身語意呀！在持咒時，也會知道：本尊、咒語，以及其他一切法，全部歸攝於嗡阿吽。

想著「嗡」，吸氣時，吸進一切有情的我執；想著「阿」時，氣入體內，吹向臍間的火焰，像火上加油一樣，焚盡一切有情的我執；想著「吽」時，連同所呼的氣生起菩提心與利他心。如果能生起一點利他心，就會認識我執，原來這就是我執，我執被燒毀了，成了利他之心。生起利他之心以後，就要把它分享給一切眾生，同時想著吽，令利他之心遍廣一切有情。

所以，我們吸氣時就想著「將一切有情的我執給吸了進來」。於是氣入體內，吹向臍間的火焰就像火上加油一樣，焚盡一切有情的我執，當我執被焚毀，利他之心自然出現。

開始練習嗡阿吽金剛頌的時候，試著將它用在日常生活的各方面向，平常練習的次數多一點。於日常生活中，念誦著嗡阿吽……。如果能夠具足正知、正念，可以只觀想臍間的吽字。日常生活中透過嗡阿吽的吽字，來淨化妄念、串習空性。

金剛誦「取苦予樂」的修法

實修時，要有真正的利他之心。如何生起利他心呢？不過，我們必須思：若能生起菩提心，就不會有我執，沒有我執，自己就會成佛了。你看到一隻小蟲，也能想到這隻小蟲對我恩重如山，因為牠幫助我成佛。這樣就算是有點利他之心了。

利他之心升起後，還要修「取苦予樂」。平時自己觀修什麼本尊法門，在修持取苦予樂的時候，就做同樣的自觀本尊的修法。如果生起次第觀得不是很清楚，只要能憶念本尊，大致上有個身相、身色的概念就可以了。

自觀本尊是怎麼一回事呢？由於自心猶如明鏡本來無一物，然而，我們卻在無我實相之中，我真的能幫助眾生，自行創造了「我」的概念。而當我們提念觀想「自己就是本尊」，心裡現起本尊的色相時內心就已經有了本尊。串習久了，就能夠不忘本尊，乃至成就本尊身，最終在身心分離的當下便能成就本尊果位。不過，證得本尊的「身」相對上是比較容易。更重要的是證得本尊的「意」。要證得本尊的心意，得懷抱「我必須利益他人」的想法修習菩提心，因為懷有菩提心，所證得的本尊，才被稱為「智慧尊」。否則，即使我們證得本尊身，那也只是世間天尊而已。關於這層道理，我們應當謹慎應對──懷抱「我得利益他人」的想法來修持本尊法門，實在至關重要。

認識到「三界有情的範圍廣大、難以數計，他們各有業力與習氣，各自感受著業力的顯現」，進而了解「痛苦的根本成因乃是我執，所以願我能夠利益他們」。若慈悲心強烈的話，真的能夠廣遍一切，這個觀想就能夠成為對「包括輪迴與涅槃法在內的一切國土」的供養，也會淨化一切有情的蓋障，要有堅定的信念，

「我真的能幫助他們」。

摘自《嗡阿吽金剛頌》

11
閉關活動

GBI 是仁波切慈悲心在西方建設化現的壇城。過去二十一年來，許多成就者都來過這裏、加持這裏。GBI 歡迎並且護持個人和團體來此修學和閉關。依據個人或團體的需要，從數日、數週、數月數年都可以。GBI 提供簡樸住宿和關房。如您需要，喇嘛也提供法教和指導。堪布滇津喇嘛教授禪坐、四加行前行和轉心四法等課程。閉關上師，竹棒多傑仁波切也會給予護持和教授。

GBI 全年提供多樣教學、灌頂、法會和閉關活動。以下是 2019 年比較大規模的活動：

文殊閻魔敵閉關 二月

金剛瑜伽女閉關 二月

佛子行三十七頌教學 三月

蓮師閉關 四月

恆河大手印閉關 四月

觀音菩薩齋戒，紐涅閉關

一百天閉關 八月

四加行閉關：

1‧皈依、大禮拜 四月

2‧獻曼達 六月

3‧金剛薩埵 七月

4‧上師相應法 九月

普巴金剛法會、閉關 十一月

普巴金剛閉關一個月 十一月

冬季教學 十二月

除了上述比較多日的較完整閉關之外，尚有週日共修、教學和禪修課程等。

詳細請查看 GBI 網站 garchen.net

12
閉 關 房 簡 介

在 GBI，訪客除了可以住宿在客人房、宿舍和一些簡樸閉關房之外，也可以掛單在仁波切佛塔和在大殿打地舖。為了紀念一些成就者和聖地，關房引用名字來稱號。以下簡略介紹一些關房名字：

Saraha Hut：薩拉哈，印度大乘密宗人士，八十四成就者之一，也是金剛乘的祖師之一，尤其是大手印傳承一派，他是無上瑜珈的實際創始者。大約生存在西元八世紀末至九世紀初。

Milarepa Hut：密勒日巴（1052年－1135年），又譯為米拉日巴，噶舉派上師，根本上師為馬爾巴。為西藏最著名的密教修行者，也是西藏最偉大詩人。

Garuda Hut：迦樓羅，漢譯大鵬金翅鳥。

Bodh Gaya Hut：菩提伽耶，又稱佛陀伽耶，位於今印度，是釋迦牟尼的悟道成佛處，也是佛教四大聖地之一。

Yeshe Tsogyal Hut：伊喜措嘉，藏傳佛教女性上師，是蓮花生大士最主要的弟子和空行母。

Machig Labdrön Hut：瑪吉拉准（1055 年－1149 年），藏傳佛教著名女性密宗師。

Vajra Dakini Hut：金剛瑜伽母，佛經說，修持金剛瑜伽母，可消除一切惡障，順利修習身、語、意三種瑜伽，能達到瑜伽三地，即證人無我瑜伽地、現證二取性空瑜伽地和現證諦實空瑜伽地。

Mandarava Hut：一位度母

Niguma Hut：藏傳佛教著名瑜伽女

Namgyalma Hut：尊勝菩薩或尊勝佛母，佛教大菩薩，全稱如來頂髻尊勝佛母或佛頂尊勝佛母。經中記載祂為毗盧遮那佛頂髻所化，能除煩惱、業障，威神力不可思議。在藏傳佛教中，祂與無量壽佛和白度母，合稱長壽三尊。

Marpa Hut：馬爾巴譯師（1012 年－1097 年），西藏後弘期重要的譯經家，他將時輪金剛等密法傳入西藏，建立西藏噶舉傳承。

13
阿尼洛卓分享閉關心得

佛陀所傳下來的教法之所以能延續到今日，主要原因是，歷年來不斷有修行者精進地修持，並將修行的方法及經驗傳給弟子。若僅有教理而沒有實修的內涵，則佛法名存實亡。我深自慶幸今生有福德因緣閉關，將世俗的一切放下，專心修行。三年的閉關時間雖不算短，但只覺得僅在菩提道上走了一小步。佛法是至寶，此生得入佛門，若不好好把握，豈非入寶山而空手回。世間法難道有任何妙方可以使人得到完全的自在解脫嗎？

有一些法友為了參加閉關放棄職業，求法的熱誠，令人感動。雖然各人程度不盡相同，但多能努力用功。有些生了大病，而仍以堅忍的毅力持續精進，實為其他行者的榜樣。閉關上師仁波切也常常鼓勵我們：「修行必須放下對於衣食的執著，專心辦道，即使身體有了病痛，也應藉此而修自他交換〔即觀眾生之病皆入己身，以己病代眾生之病。觀己之功德皆令眾生獲得安樂；精進不輟。要檢定自己修行是否有進步，不在於是否見光見影，而在於貪瞋痴煩惱是否減少，且更加慈悲。〕閉關，可以感覺到真正用功的同修，都應證了上師的話。佛法在他們心中已起了轉化的作用，他們的執著減少了，心胸更開闊了，對佛法的信心也增長了。

許多閉完關的同修都說，閉關是他們一生中最有意義，獲益最大的事。我深有同感。

這幾年來很深刻的一個感想就是，修行人一定要把握時間好好修行。今生有機會修而不努力精進，來生是否仍有修法的因緣就很難說。想精進修行最好是閉關，若無法閉長期關，至少也應多閉短期關，譬如周末關。假設一般的修行人平均一天修一個小時，閉關後則一天可修十四個小時。這樣下來，閉關三年修法的時間，等於一般人修四十二年，更何況閉關時全副精神都在修行上，沒有俗事分心，效果當然不只十四倍。期盼佛教界能興起閉關的風氣。

一般人認為，要積聚福德，應多行布施等善，這固然十分正確，但是許多人沒有了解到，修行本身就能積聚無量的福德，同時也能積聚無量的智慧。又有些人認為，要行菩薩道救渡眾生，就不能老是閉關。其實修行本身就是渡眾，因為修行是以利眾為發心，以利眾作迴向，因此眾生必能因行者的修持而得到利益。況且若自己仍只是凡夫，所俱的慈悲與智慧自然有限，若能斷除諸緣，專心修持，直至證菩薩位，再去廣渡眾生，則所能做的利益必極廣大。

佛法所說的法性本空，法相如幻，並不是憑知識上的了解就能使

人得解脫，而是必須實修實證才能起作用。如法而修，是佛法的
命脈，願諸佛友痛下決心，勇猛修去！

14

比丘尼楚定帕嫫閉關的回顧

現在就一般的閉關做一個概括性的介紹。

我自認為修行不好，因此，一直想辦法把自己放進一個不得不好好修行的環境中。所以，我做過好幾次的閉關。各位您們若自律較嚴的人，也許可以不必像我們這些連日常生活都不會打理的人，做這麼多次的閉關。

閉關不是佛教才有的發明，大部份宗教都有某些種類的閉關。我們知道西藏是個非常宗教化的地方，有很多人出家，因此他們有許多各種不同的閉關方式。例如，終生的閉關，也就是修行人住在山洞中，每天出外討食，除此外，終生都在修行。還有嚴格的閉關，在這種閉關中，行者的活動範圍完全限制在關房附近，不能離遠。有一種說法就是在閉嚴格關時，行者的禪墊不能冷掉。因此行者僅能短暫外出活動，而餐飯和日常用品則由護關人員送到。另外也有一種所謂的生死關。通常行者會把山洞的洞口封死，在裡面終生修行直到死亡為止。這種閉關比較難，而團體閉關因為有師兄弟的護持，所以比較容易。

依照藏密的定義，我們白天數座的修法和僧院生活都被認為是一種閉關，甚至一座禪修也是一個閉關。它的意義在於除去人心的浮華，讓自己全心全意專注在修行上。由於閉關是我們專修的時刻，我們要好好預做準備，不要浪費時間。要把物資上的需要先打點好，這樣我們才能專心修行，而不必一天到晚想著自己又缺了什麼。常做閉關的人都知道，當我們的心突然失去外來的娛樂時，會變得很煩躁，尤其是在閉關初期。我們常會想起過去的種種，並對未來做了許多計劃和期盼，這是很正常的，沒有關係。但我們自己要清楚，這不是我們所要做的，還是要回到我們的數息、回到當下、回到我們的修行上。

至於閉關的環境，簡單乾淨，看了令人感到舒服，若你想在家中做個別閉關的話，首先要把環境清理乾淨，讓光線充足，整個房間看起來十分清爽。閉關期間，吃的東西也很重要。吃太少或太過清淡的食物會讓我們的思緒跳躍過快，而吃太多或太過營養油膩的食物，則會讓我們感到昏沉欲睡。如果你計劃閉關的話，這一點小小的細節可能對你會有所幫助。

閉關的動機和發心是最重要的。問自己為什麼要去閉關？這點是很重要。你要修四加行嗎？你要閉關才能進入佛學院就讀嗎？這都是表面的理由。我們閉關的真正理由應該是為利益一切眾生，而誓願證覺成就。雖然這聽起來有點誇大，但基本上，閉關再也

沒有其他理由可講。在現階段，如果我們尚無法生出真正清淨發心的話，暫時藉由其它理由做閉關修行也沒有關係。我們還是要常提醒自己閉關是為了眾生的福祉和利益，就算在嘴巴上講講也是好的。閉關並不是件小事，我們的目標是要開悟成覺，雖然只是嘴巴講講，還是會深入我們心中的。

若我們想做個人閉關的話，便要擬一份日課表。能跟指導我們修行的上師討論再擬定是最好不過了。日課表要適中合理，這樣我們才能嚴格遵行。然後就一定要嚴格遵循。在閉關中檢視自己所做的一切，不輸於事前要做好準備的重要性，如此才能給自己下次的閉關提供一些參考。事實上，能對下次的閉關做準備是件很好的事。然後最重要的就是迴向功德，將一切功德迴向，利益無量眾生。如果能全心全意這樣做的話，我們閉關一定會獲得不一樣的功德。因為像跟其它的每一件事一樣，「我執」常會假借閉關之名，行其目的。「我是個大修行人！」這是各位必須要警惕的諸多危險陷阱之一。不過真是這樣的話，也沒關係。

在三年的閉關中，我才了解到我的上師長期訓練我們打坐，是多麼絕頂聰明的一件事。在閉關中學到了一些高深的法，如果我不曾受過打坐的訓練，便無法正確的修這些法。因此我們每次做閉關時，應該先從打坐開始，可以讓我們的心準備好做後續的修行。信任指導我們閉關的上師，信任他們懂得比我們多，這點也

很重要。我們有時會想抓住什麼，證明自己沒有錯，或者認為別的法才會讓我們快樂，改變我們。但事實上，如果我們全心全意修行的話，每一種法都可以讓我們開悟。有人一而再、再而三的修四加行，他們不修其他的法，因為四加行最適合他們，他們確實也因此開悟。

關房的總監告訴我們：「就假設自己在親戚和朋友的眼中已經死掉了。」他的意思是鼓勵我們少與外界聯絡，讓別人忘掉我們，不要再有任何情感上的牽扯羈絆。這些規定都得到大家的支持。鼓勵我們除了修行外，不再為任何其他事分心。我發現在第一年時，別人還會記得我們，因此不時還會收到包裹、信件之類的東西。還有人說：「啊，多棒啊！」然後第二年，只有一些較好的朋友還會記得寫信。到了第三年時，我們就再也很少收到什麼郵件了。

閉關的課程設計是幫助我們修行的，甚至團體閉關這件事也是。每個人都有自己的意見，覺得別人應該如何、自己又應該如何等。我們必須妥協，這是最困難的一件事。我們日日月月生活在一起，對於浴室、噪音和其他怪癖全浮到檯面上來。我們唯有克服，別無他法。

三年閉關的目的是給我們一個機會，讓我們對一切法有一個整體

的了解和體悟。然後在出關以後，我們可以選擇幾個最適合自己的法門，終生修行。信任指導我們閉關的上師，信任他們懂得比我們多，這點也很重要。我們有時會想抓住什麼，證明自己沒有錯，或者認為別的法才會讓我們快樂，改變我們。但事實上，若我們全心全意修行的話，每一種法都可以讓我們開悟。有人一而再、再而三的修四加行，他們不修其他的法，因為四加行最適合他們，而他們確實也因此而開悟。

摘自《噶舉人法集》

15

見聞嚐觸四解脫

密乘為了引導眾生走向解脫，有許多方便法門，譬如見解脫、聞解脫、嚐解脫和觸解脫等解脫成就法。就見解脫來看，譬如說看到佛像，或是看到可以掛在門上的「見解脫咒鬘」及見解脫手環等，能淨除罪障，種下解脫的因。仁波切說：「佛陀親口宣說的見解脫咒語，若能夠親眼見到此咒鬘，當下就能淨除無數劫的罪障，因此稱為見即解脫咒。」就聞解脫來看，當我們念經持咒，或是播放咒語經文聲音的時候，不論有形眾生或無形的眾生聽到經咒的聲音，也能得到功德利益。就嚐解脫來看，甘露丸，直接服用，或泡水嚐食，或行悲心放生時，布施於動物，或投入河湖大海中與無量眾生結緣。如遇到親朋好友或同修家屬即將往生，布施甘露丸，讓臨終者含於口中，淨除障難，得諸利益。就配戴解脫來看，我們將佛像、本尊照片、成就者的舍利子和加持物，以及印有經咒的手環與吊飾等配戴在身上，也能得到保護和加持。

仁波切製作咒鬘和咒環

改革後，仁波切回到噶爾寺，那時物資缺乏，仁波切用木刻方式

將見解脫咒鬘刻在木印板上。再將咒鬘印在舊水泥袋子上，剪開再送人。現在見解脫咒鬘常印在紅色貼紙，和不同顏色的紙張上。仁波切常在法會期間贈送見解脫手環和見解脫咒鬘給予僧眾法友。咒環，其外緣印有見解脫咒，其內緣印有觸及解脫咒，凡觸戴者，即得消除罪障、種下解脫種子。佩戴此手環的人，他接

觸到的眾生，也可以間接得到加持。

咒環的保護

仁波切說，在藏地有一群人上山，遇到雷電交加，有幾個人被雷
擊倒。有幾個人沒有被擊倒。生存下來的那些人，他們的手上都
帶著咒環。

海濤法師說過，有一位他的信徒發生了一次大車禍，皮包因為車
禍撞動而打開，從皮包內放射出光芒，這位信徒看到皮包內有大
隨求咒環，放光救了她一命。從此以後，她信心大增，就把大隨
求咒戴在身上。

G 師兄說：「我有一次在加油站遇到 M 友，M 的車子剛被偷（車
內裝滿很多客人訂購的貨品），M 的母親剛往生、她很傷心，晚
上也睡不好。我隨手把仁波切掛在我手腕上的佛珠，拿下來掛在
她手腕，祝福她。隔幾天，她打電話問我，到底送了她什麼寶物？
因為一連好幾晚，她夢到觀音菩薩，在她床邊，看著他。那幾晚，
她睡得很好。」

N 師姐分享，她做噩夢，被黑影追逐，她非常害怕的逃跑。頓時，
她看到自己的手腕處放光，追逐他的黑影便消失不見。她看看手
腕，正是仁波切送給她的咒環，閃閃發光。

16

上報四重恩

每次閉關圓滿，仁波切總會站起來，引領大眾一起唱美國國歌、西藏國歌。接著邀請來自全世界不同國家的僧眾、信徒們，各自起身唱誦各自國家的國歌。

仁波切說過：謝謝國家，創建道路、設置電力、學校、醫院、警察等，只有國家能做到這些。如果一天沒有警察，那麼很容易產生戰爭和紛亂。人民民心無法安樂。藉由唱誦國歌，我們把法會功德迴向各個國家、以及他們的居民，並祈求世界和平。

在一般生活中，有父母、師長和國家可以提供我們救護。感恩父母，給予我們寶貴的人身，可以修行。感恩師長，傳授我們知識，我們的學問得以增長。感恩許多人的幫助，承辦我們很多日常所需。但是，當面對外器變化，四大災害發生，生老病死苦時，他們的能力並不足夠幫助我們離苦得樂。只有皈依三寶，我們才能面對煩惱和痛苦，得究竟樂。

17

悲智空性的修學

在 GBI，每年有幾個大法會，仁波切會親自主法。

一．普巴金剛：十一月份舉辦普巴金剛，九天法會，內容包括講解、灌頂和修法等圓滿行程。

二．冬季教學：十二月聖誕節過後的冬季教學，每年仁波切會講不同主題。例如 2018 年九天的冬季教學，開始的前兩天，仁波切和僧眾修兩天金剛薩埵、淨障。再修持尊勝佛母千供、長壽法會以及密勒日巴教學。所謂「圓人說法，無法不圓。」圓滿福德悲智的仁波切，無論他講那一部法，都是最圓滿的法教。

三．文殊閻魔敵閉關：本尊文殊閻魔敵的本質是智慧自性。慈悲就是信仰，佛陀就是智慧。萬事皆因智慧得以成就。就算要成就一點點利益和快樂，也得透過智慧，才得以實現。當智慧發展到極致，就是佛境界。

四．白度母：每週日的白度母共修，有時加超渡，修習慈悲和解脫。

綜合 GBI 的課程，修持菩提心煙供、普巴金剛的空性、冬季的聞思修、文殊閻魔敵的智慧以及白度母的慈悲。在 GBI 的修學是聞思修，加上圓滿悲智和空性。

18

持續修持「大修法會」

仁波切說:

我去過三十多個與我有緣的國家,與他們建立法緣,目的是什麼呢?去這些地方是為了使自他二者的法緣具有意義。首先是「佛子行三十七頌」,能譯成當地的語言,並分發出去。

再者,在各地若能成立佛學會,當地的民眾就能持續地在佛學會學習。眾生是痛苦的。要知道能對治痛苦的是法。人們內心安樂的根本是慈心,要了解法的意義是慈悲。

所以大家能持續修持「佛子行三十七頌」及翻譯成各自的語言很重要。在具足條件之下,地方成立佛學會的目的是什麼呢?當地的弟子無法去很遠的地方,但是對佛法有信心、前世有福德的人,現在知道了因果,便能接受現在痛苦的因及認識未來痛苦的因。若想得到安樂,因是什麼?是慈悲,所以我們必須好好守護慈悲。無論有沒有宗教信仰,一切痛苦來自何處?來自前世自己的業,業是誰造成的?是來自煩惱。能確認自身的煩惱,即能得到究竟的安樂。因此成立佛學會非常重要。佛法非常珍貴,發源

珍貴、趨入珍貴、修持珍貴。三寶在這個世界上如黃金般稀有珍貴。因此無論那一個佛學會，在具足條件下，可舉辦彌陀法會、閻魔敵法會、普巴法會等等。所有弟子都能獲益，各自的修行也能持續。如果自己不修，則毫無利益。我自己有修持、有體驗的是甚麼？我有一些普巴、閻魔敵的經驗。所以現在普巴與閻魔敵的大修法會中，弟子們能生起一些覺受。即使我不在，弟子也能持續修持，可以利益當地。一個人修行，即能利益他的國家。不管我在不在，本尊是沒有差別的。諸佛的慈悲皆相同，因此不要中斷。弟子們無論在世界上的哪個地方持續修持，皆可以利益世界。這些都很重要，你們持續修持是我的心願。

我們的肉身是無常的，但心是菩提心，無生無死。關於修行，本尊的菩提心必須進入我們的心續，這必須靠修持達成。就算我往生了，我的心不會死。無論你們在哪裏舉辦大修法會，我的心也在那裏。上師與本尊無別。重要的是大家持續修持。圓滿自利利他，也能利益世界。

痛苦是什麼造成的？是煩惱。煩惱的對治是普巴金剛和閻魔敵，這非常重要。從自己的修持經驗，知道他人也能受益。請不要中斷。請好好思惟。

本尊密功德，覺空無二

分享故事

僧眾法友們分享的這些故事，不是經過第三口或第六耳，不是憑空想像編製的傳說。盡力具實的描述和編錄。謝謝您們的故事，豐富此書的內涵、莊嚴此地的風光。

以尊敬簡稱來替代分享者的全名。

1

擔眾生苦

當仁波切在獄中的時候，獄方規定每天每人必須負責一個區域，勞動、搬運、耕種或鑿石等，如果沒在限定時間內完成，隔天就會在廣場大眾面前，遭受批鬥和處罰。

慈悲的仁波切，總是先幫老者和體弱者完成他們的工作區域，所以常常未能在規定的時間內，完成自己的工作而遭到處罰。 獄方都被感動，不忍仁波切因愛心助人，擔任別人的苦而受打罰。所以特別規定仁波切一定要先完成自己的工作，才可以幫助他人。也因勞動過度，仁波切出獄的時候，右手臂傷重成疾，只能微微舉動。

2
冬天不再冷

許多年前 W 師姐跟隨仁波切到尼泊爾拉企雪山朝聖。上山的路程大約六七天，每天要走很久的山路，山路大多是狹窄、陡峭的。有一天，一位法友落單了，那時天還沒有黑，她折返路途尋找落單的法友。不久後，天黑了，她迷路找不到法友，她向上師祈請，唸誦著仁波切的法號。 不久就找到法友了。

冬天很冷，W 師姐在 GBI 閉關的時候， 仁波切有時會送巧克力到她關房門外，敲一下關房門，就離開了。 仁波切送來的慈愛就像太陽般的溫暖，冬天不再感覺冷。

在密續部中提及，上師即是佛。上師與佛是相同的。因為上師的指導，我們才能在道上修持。所謂「向上師祈請」是不管其距離之遠近的。不要因為上師與自己的距離，而無法得到加持；也不要認為上師與自己距離很近，加持就特別大。因為上師的功德即是自己的本性，一切上師諸佛的功德即是自己的本性。所以不用在乎上師身體與我們的距離，而是要檢視內心的本質，是否與上師相應。

3

以安忍守護慈悲

在藏區，有一小偷太窮太苦，常偷鄰居和他人的財物。他求仁波切讓他出家，仁波切應允了，左鄰右舍很高興。因為習氣，這位小偷出家後開始偷出家人的東西。有僧眾來報告，仁波切告訴僧眾要以安忍守護慈悲，祈願他能改變。

4

以心對心

仁波切出獄後，回到噶爾寺。每年閉關兩三個月，圓滿閉關後，舉辦法會。有的法會，持續九天九夜，從早上五點吹號角開始，一直到晚上大約十二點左右。僧眾們夜晚輪流排班念誦。原本可以休息的仁波切，這時會走到寺院門口，已有兩匹馬在門外等候著，仁波切就和一位隨從騎馬兩三個小時到信徒家祈福、為病患誦經、亡者超渡修頗瓦法等。往往在清晨五點法會開始的號角吹過了，仁波切才回到寺院，他走進寺廟，直接坐上法座，繼續帶領僧眾修法。

有時，信徒家裡有人往生了，家屬會把死者放在馬背上，載送到法會會場請仁波切和僧眾唸誦超渡經。這些情形，不是發生一兩次，而是一直如此，不間斷許多年。

每當夏季期間，仁波切騎著馬從一個牧區到另一個村落，沿路加持信徒，有時也會受邀到信徒家誦經祈福。等仁波切騎馬繞完一大圈再回到寺廟，已是大雪紛飛。另一場法會接著開始。仁波切的雙腳長年腫脹。若用手指按壓，肌肉皮膚不會馬上彈復，明顯有凹陷。

雖然他的雙腳腫脹，身體不適，但內心一直是快樂的，慈愛利益
他人，仁波切是以心對心。

5
守護噶爾寺

札希喇嘛敍述

在噶爾寺，僧眾們都走到大殿前方上廁所，噶千仁波切是用大殿後方的。當我很小的时候，有一次我走到大殿後方上廁所。寺內的老和尚告訴我說：「你這個小和尚為什麼跑去大殿後方小便？」我回答：「別人可以，我也可以去尿尿」。老和尚說：「你和仁波切是一樣的嗎？」我回答：「我和仁波切是不一樣的，但是尿尿是一樣的。不久，仁波切來到我身旁說：「我不在的時候，不要說我喔」。我說：「仁波切，我沒有說你。」仁波切說：「我是仁波切，你和我一樣不一樣？你下去閻羅王那，問問他。」

清水供養上師

我小時候，在噶爾寺，每當喝水、飲食餐點之前，總會唸誦供養文。其他僧眾對我說：「你怎麼跟老和尚一樣，念那麼多。像一般的清水，你不用供養，如果有好一點的茶水再供嘛。」我心裡想著：不管水、茶的好壞、飲食是否豐盛，在取用前，我都要供養上師三寶。有一天，仁波切笑笑地對我說：「你在寺院裏，隨

便的清水，連一點鹽也沒有，就供我，供什麼供？」許多次之後，我相信，什麼事，仁波切都知道。

轉經輪

在噶爾寺，文成公主的轉經輪和其他五座轉經輪是一年三百六十五天，每天二十四小時由僧眾們持續用手轉動。

白天每三個小時，晚上每一個小時，由僧眾們排班手轉經輪。每一班有二位僧眾負責，一個人轉三個轉經輪。

札西喇嘛說，晚上轉經輪的時候，如果有人打瞌睡，忘了手轉經輪，仁波切就會走出來，看看他們。

6

這個人的頗瓦法是誰修的？

仁波切住在拉薩時，有一天一位從玉樹來的商人，名叫多雅，被盜賊給殺害了，商人的同伴們懇請仁波切為多雅修頗瓦法。當多雅的屍身被抬到直貢梯寺的墳場，屍陀林解剖屍體的人，開始要進行解剖時，看到亡者軀體顯現特殊徵兆，立刻驚訝的問：「這個人的頗瓦法是誰修的？」同夥們回答：「是噶千仁波切啊！」解剖屍體的人跳著說：「太不可思議了！你們快來看！」大家跑去一看，原來亡者頭頂上一塊圓形的頭骨連皮竟真的消失不見了。大眾對噶千仁波切都升起強烈的信心，發願：「祈願我死亡時，能值遇上師。」

摘自《直貢噶舉大瑜伽士噶千仁波切傳》

7

哪裡有山？哪裡有海？

馬師兄、甘師兄敘述

一九九五年，在香港，第一次見到尊貴的噶千仁波切。印象相當深刻的是，我們在飯店用完晚餐並且跟噶千尊者道安後，再送朗欽加布仁波切回房間，在廊道上，我們跟朗欽加布仁波切請求：「噶千仁波切是度母的大成就者，我們可以請他灌頂嗎？」朗欽加布仁波切說：「當然可以，你們明天早再跟仁波切祈請！」

隔天一早，當我們前去請仁波切用早餐，敲了敲門，仁波切一開門時就說：「你們不是要請我灌白度母的頂嗎？我都準備好了，已經等你們很久！先灌頂吧！」這一刻，真讓我們瞬間感到震撼，噶千仁波切真是一位真實不虛的大成就者啊！

一九九六年七月十一日，我們在桃園機場迎接噶千仁波切時，仁波切突然問：「哪裡有山？哪裡有海？」我們回答：「有陽明山和淡水河。」噶千仁波切說：「我們現在就去！」一行人便隨著仁波切及喇嘛等直奔陽明山上。稍事準備後，仁波切即開始專

注修法。修法圓滿後，當天又去了淡水，仁波切再次非常專注的修法。當時我們並不了解仁波切的用意。回到住所稍微休息之後，仁波切要了一張台灣地圖，每天持續不斷對著地圖修法。隔沒多久，賀伯颱風來襲，我們非常擔心的跟仁波切報告：「這次颱風要從淡水進來，聽說直撲台北，該怎麼辦呢？」噶千仁波切笑笑說：「別擔心，我每天都修著法呢！」

不可思議的是，原本氣象預告直撲台北的超級賀伯橫肆之後，整個台北竟是全台災損最輕的區域。我去看仁波切修法時將其隨身佛像，壓蓋的地圖區域，竟然是台北。此刻我們才知道從飛機上開始，噶千仁波切已觀察到災難的因緣，且不斷地以修法迴遮來實際關心這塊他初次到訪的土地。在仁波切初來台灣的幾次弘法行程中，我們就近看著仁波切對一切有情眾生，都無私的給予慈悲大愛；加持時，上師總以額頭親自加持每一位法子，無所分別；一切所行，皆是無私的為所有眾生奉獻。

摘自《直貢噶舉大瑜伽士噶千仁波切傳》

8
唸佛機要播放

噶貝喇嘛分享

在洛杉磯中心，仁波切房間窗戶旁邊上有一自動轉經輪，日夜嘎嘎轉。

我問仁波切：「轉得這麼響，怎麼睡覺？」

仁波切說：「為何讓聲音來影響你呢？」

有沒有做煙供

有一次仁波切在美國國外，打電話給在美國的我說：「你要作煙供啊！」

我回答：「我有做啊！」

仁波切說：「前天有沒有做啊？」

我才想到前天沒做。

唸佛機要播放咒語

在 GBI 的喇嘛屋二樓的一間房間，是仁波切白天打坐，接見僧眾、訪客的房間。房間內，有一個唸佛機，二十四小時，不間斷，持續播放著唸佛持咒的聲音。

多年以前，仁波切從美國去西藏，有一天從西藏打電話給我。

仁波切說：「樓上房間的唸佛機要二十四小時持續播放，不要停止。」

我說：「有播放，沒有停頓。」

仁波切說：「那你上樓去聽。」

我上樓之後發現聲音停止了。真的像仁波切說的。

仁波切什麼都知道。

9

肚子好一點沒？

R 師姐分享：

好多年前，第一次到台中參加仁波切的活動。當時只知道這位上師是噶千仁波切。那天我肚子很不舒服，在洗手間門前遇到仁波切。他笑著指著我肚子說：好一點沒有？我睜大眼睛，愣了一下。我肚子痛沒有告訴任何人，他怎麼知道呢？

好兇，我怕

有一次，在機場坐在仁波切身旁等候行李檢查。仁波切手指著我衣服上面 A 牌子的麋鹿頭，說：好兇，我怕。聽到仁波切的話之後，心中馬上慚愧懺悔。因為我常發無名火，生悶氣，感謝仁波切在指點我。

吃吃吃

B 師兄向仁波切提到，在 B 師兄的房間， 二十四小時，播放仁波切的念經持咒聲。仁波切笑著說：「我就在吃、吃、吃。」仁波切的慈悲心，再一次感動了我。他是在吃、吃、吃業障。吃 B 師兄的業障！

10

佛手妙醫

約三年前，在辦公室工作的 A 師兄，手上拿著一堆巾布，笑著對我說：「今天一大早我在想，餐廳、辦公室需要一些巾布，下午需要下山去買。結果阿尼拿來這一堆巾布給我正是我需要的。」

我說：「這麼神奇呀！」

A 師兄繼續說：「是的。還有一天我心臟突然很痛，不久仁波切走進辦公室，我站起來問候，仁波切右手用力按住我的心臟說你坐下來。於是我坐下來，心臟不痛了。」

11
麥片是乾淨的

有一天我幫忙做朵瑪。先把麥片粉放一些到大碗盆裡，加一點水，加一點融化的奶油，揉一揉翻一翻，像做饅頭包子一樣，揉麵團。一不小心有一些沾濕的麥片屑濺落到碗盤外的桌面上。我心想桌子剛剛不知道有沒有擦過，好像有點灰灰髒髒的，等一下再把這些桌面上的麥片屑丟掉，不放回碗盤內了。

不久仁波切來了，手指頭指著桌面上的碎麥片，對我說：「這是乾淨的，可以用。」於是我點點頭，馬上撿起桌面上的麥片屑，放回碗盤裡面，繼續捏捏揉揉。沒有告訴別人，仁波切都知道。

12

一起共用午餐

C 師姐分享

第一次來 GBI 閉關的時候，恰巧快過聖誕節，心裏一個念頭「聖誕節，不是要和家人相聚嗎？」隔天，辦公室傳給我一張字條，上面寫著「仁波切邀請你一起共用聖誕節午餐。」

僧眾共享

有一次我去商店購買一份好吃的食物，因為是最後一份，所以份量不多，用餐時，我供養給仁波切。仁波切吃完一小口以後，就傳給其他僧眾享用，難道仁波切不喜歡吃嗎？所以只吃了一小口。隔天一位法友告訴我，仁波切說過，他的飲食是和僧眾一樣的，不用特別只為仁波切一人準備食物。

13

拜見上師的心

多年前，我像是仁波切的粉絲一樣，敬仰他的威儀慈悲菩提心，如追星般的追他到歐洲參加法會。當仁波切抵達法會現場，看到我在哈達齊獻的歡迎隊伍中間，他停下腳步對我說：「你花這麼多時間、體力和金錢來這看我。當你發菩提心，禪修的時候，我們的心就在一起。」那一霎那，我接收到仁波切滿滿的愛。

噶舉祖師曾說：「視上師為佛，就能獲得佛的加持；視上師為菩薩，就能獲得菩薩的加持；視上師為成就者，就能獲得成就者的加持；看上師只是一位好的凡夫善知識，就能獲得相等身分的加持。」

曾有一位弟子問仁波切：「今天法會結束後，不知何時能再見到您？」仁波切回答：「不用拜見上師，要拜見內在上師的心。」不要想著要留住上師的身。因為上師色身是無常法，會轉變的。上師的心是慈悲利他，不生不滅的。你好好照見內心清明覺照的本性，這樣就不會與上師分離，這樣就是和上師的心在一起。

　　【第三部】本尊密功德，覺空無二

14
笑談一二

仁波切剛來美國時，去洗手間，廁所不知往哪一邊走？身旁的喇嘛手指著一邊，仁波切走進去。仁波切說，他一走進去，一女子從洗手台上的鏡子裡，看到他，叫著跑出去了。還有一次吃飯，仁波切告訴喇嘛說，已經吃飽了，英文怎麼說？等仁波切說完，供齋的施主馬上加菜，又上多盤食物。仁波切就隨順因緣，吃的好飽好飽。事後才知道，剛學英文的身旁喇嘛說的英文是：「I'm hungry 我很餓。」

認真的修行人

有一次在 GBl，文殊閻魔敵閉關圓滿後，有信徒到仁波切面前音聲供養仁波切。在唱完歌後，其它信徒也想上前做音聲供養，正在猶豫不決的時刻，仁波切說：「如果沒有其他活動安排，我們一起唸誦祈請文。」仁波切珍惜每一時刻修行。每次仁波切參加法會和閉關，他都會比預定的時間提早進到大殿，在法座上靜坐轉經綸。閉關的期間，仁波切也是一用完餐點，立刻回到法座上繼續修行。尤其在九天的法會閉關，每當到了快要圓滿的時候，一些法友會放鬆身心，開始閒談。而仁波切不僅九天主法帶領共

修，在法會快圓滿的時候，他還會加持信徒、回答問題，時刻想的做的都是利益大眾。

15

眼藥水的故事

2018 年初，仁波切去色多納演講兩天。看著法本講解教授，仁波切用右手手指去撥撐眼皮，試著看清楚法本字跡。

在隔天教學，休息的時候，仁波切漫步戶外，有一信徒，拿瓶眼藥水送給仁波切，希望有益於仁波切的眼睛。仁波切接受並馬上請阿尼幫他點眼藥水，一些信徒在旁邊，看了很感動。仁波切沒在意眼藥水功效如何，隨順眾生，他為了讓那位信徒高興值福田，接受眼藥水。我看到的是，仁波切點下慈悲的眼藥水，在那信徒的眼睛，以及一切眾生的心裡。

16
仁波切的禮物

一次法會中，一位從西藏來的師兄坐在我身旁，他肩上披著一件紅色披肩，他對我說，多年前他供養給仁波切一條披肩，仁波切在法會和閉關時，使用這披肩，幾個月之後，仁波切送給他這件披肩。他很開心說，披著這披肩，彷彿仁波切和他在一起。他再指著他手上的轉經輪說，多年前，仁波切問他有沒有轉經輪，他說沒有，於是仁波切送給他這個轉經輪，他也因為上師的慈愛，更喜歡轉經輪了。

仁波切的脖子和手上，戴著一些佛像項鏈、咒環、和手環。一陣子之後，會看到這些飾物有些不同。仁波切又戴一些不同的吊飾和佛珠。

有一天我要離開 GBI，即將發動車子的時候，仁波切剛好出現，他拿下他手上的佛珠掛在我右手腕。我很好奇為何掛在右手腕，一般是掛左手腕，但我聽話，一直掛在右手腕。有一天有一位朋友，看到我的佛珠說：「這佛珠發紅色的光。」

我說是我上師給我的，不知為何我的上師把這佛珠戴在我右手

腕，而不是左手腕。

他說：這個紅色的光，是加持行動力的實踐，適合戴在右手腕。

謝謝上師。

17

供養天地神祇

有一次，C 師兄在向仁波切獻曼達，他雙手捧著裝滿珍珠和寶石的曼達盤，緩緩走向仁波切，正準備上供時，一不小心曼達盤內的珍珠灑落一地。正當大眾還來不及反應時，仁波切說：「先供天地神祇」，仁波切的慈愛，無盡。

R 師姐分享

很多年前有一次我拿到義工工作單，上面寫著仁波切的飛機下午一點五十五分抵達。 在中午十二點半左右，有人打電話給我說：「仁波切已到機場，你負責接機現在你人在哪？」我當下想：「飛機不是一點五十五分到嗎？現在是十二點三十，莫非是工作單上十一點五十五誤寫成一點五十五？」等我到機場見到仁波切時，已經慢了一小時多。大家臉色挺凝重的。耳邊傳來從來沒有人讓仁波切等，而且等了這麼久。我難過內疚的獻哈達說，仁波切對不起。

仁波切笑著摸著我的臉說：「沒關係在機場轉經輪，也很好」。上師的愛，無盡無盡。

18
一千元

一位住南加州的師姐，來亞利桑那州參加三天的法會，在來的路上，她獨自開車，路程中看見沙漠的美，忘神地一邊開車一邊拍照，沒想到出了車禍。她身體受些外傷，被送到醫院簡單包紮後，車子燒毀了，有好心的路人送她來參加法會。

師姐說：「身上帶來的衣物沒了、要供養法會和僧眾的幾千美元也沒了。」看著她脖子綁著繃帶，繃帶上還有些外傷血跡，恍神地靜默坐著。我之前認識她，所以和她打招呼，她有氣無力的回應幾聲，心緒受到驚嚇而不安。

不久之後仁波切散步看到受了傷的師姐，關心她、問候加持她，並囑咐法友們好好照顧她。有法友借給她外套，有法友帶她去買日用品。隔天她見到我說，仁波切送給她一個紅包，裏面有一千元。她很感動仁波切對她的救急照顧之恩。慈悲愛護的一千元價值無量。

19

閻魔敵的救護

A 師姐分享她的體驗

每年過年，我總會和我先生去 GBI 看仁波切。有一年仁波切對我說：明年您們不要來。我說：好。上師說的話一定有他的道理。上師說的每一個字，都是在利益他人。

隔年，我一朋友從亞洲飛來，首次到 GBI 去看望仁波切。我想我應該盡盡地主之誼，到 GBI 接引她見仁波切。

那天晚上下完班，休息一下，很晚了，我和我先生才開車出門。大約半夜一點左右，在高速公路上我車前有一物品突然掉落。為躲開物品，我快速轉動方向盤，切換車道，試圖避開路上的物品，由於車速太快，我的車打滑幾圈，掉落在高速公路之下。我摸不到我的手機，我先生也找不到手機。深更半夜，荒郊野外的高速公路橋下，我萬念俱灰：開始唱誦：「嘿、噶、雅、瑪、度、如 ⋯⋯」「有人在那嗎？」突然有一個人口音很奇特，他走向我的車子方向說話。

我先生答：是的！請打電話給警察。

我先生問：你怎麼知道我們在這？

他：我看到一陣風。

天黑，看不清楚他。

之後，警察來了。直升機載我們到醫院急救。等我們回過神，請問警察：「是誰打電話給您們？他是誰？電話號碼？我們想謝謝他。」

警察卻查不到誰，也查不到打去的電話號碼，找不到是誰，他消失不見了。像一陣風。

20
仁波切的擁抱

Y 師姐分享

我第一次來 GBI，是載我的朋友來。我看見一位上師，我的朋友說是噶千仁波切。他張開雙臂一一擁抱我們，歡迎我們。當他抱著我的時候，我哭了，哭的當下，內心感覺執著在崩解，我不知道為什麼我哭了，只是單純渴望想親近這位上師，不想和他分開。

幾年前，我第一次來 GBI 做個人閉關，六個星期。當閉關到第七天的時候，妄想思緒如海潮般洶湧，淹沒了我。我不知道怎麼辦。當天晚上，正當不知所措的時候，想到仁波切在閉關前送我一顆彩色貝殼的化石。我手裏握著化石，好像握住仁波切的手。入睡了。

睡夢中，夢到在一座城市，河流邊。布寧瑪喇嘛對我說：「仁波切要見你，現在。」我說：「好。」當我見到仁波切的時候，仁波切只是抱著我。我的內心一下子轉化了。隔天醒來，種種的煩惱思緒不能再影響我了。

吃業障

另外一次，在文殊閻魔敵閉關的時候，有一天，仁波切說對參加者：「今天你們可以一起吃飯。」仁波切朝不同方向，不同信徒，長大嘴巴，示意大家去吃飯，可愛的表情逗著大家都笑了。我看到了我却沒有笑，我震驚，因為我看到的是文殊閻魔敵張大嘴巴在吞食大眾們的業障。另一位信徒也震住了。彷彿他也看到了同樣的景象。

一切顯現是上師法身的化現！

第四部

觀音菩薩的千手千眼

觀音菩薩的千手千眼

許多義工竭盡所能的在自己的能力因緣下護持 GBI。 有錢的捐錢、有力的出力、有的奉獻才能技術、有的默默地打掃清潔。猶如觀音菩薩的千手千眼。看到眾生所需，立即伸出雙手付出行動。因為 GBI，來自世界各地的僧眾法友在此相聚，因為仁波切，我們心連心。

以前曾在一法會期間，看到廚房人員在沖洗馬鈴薯。把馬鈴薯放到一大桶水里，撈一撈，用棍子攪一攪，彼此碰撞，馬鈴薯很快就乾淨了。僧眾們共聚修法，互相鼓勵彼此幫助，業障執著很快就清淨了。仁波切說過，有慈愛者是僧眾，傳遞慈愛給三界一切的眾生，沒有條件的付出。僧團是佛的化身，無量慈心利益眾生。

觀音菩薩祈請文：

千手千位轉輪之聖王
千眼千尊賢劫之佛陀
具足悲心遍滿如虛空
觀音菩薩尊前我頂禮

1

報上師恩

有一年，在 GBI 遇見 J 師兄。他來自新加坡。特地來這裡幫忙已經快半年了。看著他搬貨、打掃、清潔、洗煮，我很驚訝問：「為何如此發心，千里迢迢，從地球另一端飛來服務半年。」他告訴我：「前幾年我去尼泊爾拉契雪山朝聖。爬聖山的路途艱辛、疲憊、高空缺氧、呼吸不暢。好不容易，等到下山，我事先已經選擇搭直升機下山。那天正排隊要上直升機，不知道是什麼原因，在少許人登機之後，發現我沒座位了。慌忙失措，仁波切起身，把位置讓給我，他走下直升機，留在雪山。」

上師對我的愛，我應當回報。

2

美好的清晨

在 GBI，一些工作人員和義工，放棄高薪優越的工作和生活，來此工作和服務。多位義工法友，位階是公司老闆、學校的教授，家裏請傭人打掃煮飯，來到 GBl，全都放下世俗的光環和頭銜，捲起袖子，搬磚種花、洗碗擦桌和修理電器用品。有一位住在亞利桑那州的師姐，每當有法會和閉關，總是事先採購一大車子的菜，不辭辛勞地請朋友開輛貨車一起載到 GBl。這位師姐的愛心，不僅豐富了參加法會僧眾的飲食，也和她的朋友一起供養三寶。

在一次冬季法會中，噶貝喇嘛坐在餐廳裏，一位新義工對噶貝喇嘛說：「我昨天在廚房切了一整天菜，腰酸背痛，腿也疼。」喇嘛說：「 很多義工工作職位是老闆或經理，到中心來，是搬桌子擦椅子，雖然在 GBl 身體疼累，但是疼累是可以超越的，許多義工是盡心盡力護持道場。」

清晨的美

T 師兄的太太在 GBl 任職工作，T 師兄常常上山來看望太太，並且幫忙檢查修理水電、瓦斯、煤氣和太陽板等一些設施。T 師兄

說：「在 GBl 的時候，有時一天工作下來，走路走得比較多，身體有些疲倦，但是比起日常上班精神還要好。」在這裏掛單的時候，大約清晨三點鐘 ，睡飽了，聽到像引磬聲，鏘的一聲，喚醒他起床。

另一位法友說，在 GBl 閉關，環境氣場很好，睡眠時間明顯減少，常常清晨自然睡醒，精神抖擻。有一次清晨，她住的閉關房像是一座鈴鐺，虛空中彷彿有物品敲了一下鈴鐺，整個關房鏘一聲。一些清晨，窗外的月光照在她的臉上，嘴角向上揚，幸福的醒來。

3

角椎型空間

Y 師兄是仁波切早期的信徒，常來 GBI 修行。有一天我遇見他，
我說：「師兄你的工作很忙，小孩子還小，能夠來 GBI 參加法會，
真是不容易。」

Y 師兄說

仁波切是佛，我很幸運仁波切是我的上師。以前我是修習「新時
代禪修」，在靜坐冥想的時候，遇到了空間瓶頸，一直無法突破。
很多年以前，因緣成熟了，我開車載仁波切，仁波切坐在我身旁。
坐在車子後座的一位信徒，拿了一些餅乾糖果，從後座遞給前座
的仁波切。仁波切拿起了其中的一個小零食，它的包裝外型是角
錐型，仁波切把這個角椎型呈現在我的眼前，說「這是角椎型的
空間，你不需要執著...要超越空間的限制。」仁波切的幾句話，
引導解答了困惑我很久的疑問。

4

三天的路程不久

遇到 M 師兄和我道別，他來 GBl 當義工將近兩個月了。M 師兄，來自亞洲，是仁波切很早期的弟子，他印製許多仁波切的法教成書冊，護持供養三寶不遺餘力。前幾年為了照顧母親，辭去了工作。母親康復後，他想來 GBI 拜訪仁波切，親友們送他一張機票，輾轉換了飛機，花了大約三天時間到了 GBI，返家回程也要花費三天的時間。我說：「三天，這麼久。」他說：「不久。能看到上師，就是最幸福的。」

將近兩個月在 GBl 的日子，他搬忙整理大殿和壇城，清點排列書店貨品，常常吃完早餐，沒吃午餐的，省時間盡心力的做事，令人感動。除此之外，一有空閒，M 師兄會在大殿修法，看到法本不懂的地方，就會恭敬地向喇嘛請問。有一天的黃昏，他問一位喇嘛經文的法義，我提醒他，「喇嘛還有事，需要離開一下。」喇嘛說：「不急，讓他問完」。

師兄要離開 GBI 了，他和我道別，感動地對我說，仁波切送給他一個紅包，裏面有很多祝福。他感動的收下了仁波切的愛，他會把這份愛再護持到仁波切的佛行事業。到聖地淨障集資，領受仁

波切的慈愛與加持，三天的路程，不久。

5

皺紋的美

S 師兄是仁波切早期的弟子，他常常從科羅拉多州開大約十七個小時的車程，來當義工。他說：「現在開車來 GBl 的路上，要住旅館兩晚。花了快三天的時間才到 GBl。」

炎熱夏日的某一天，快到中午的時候，看到師兄還在刻碑文。我說：「不熱嗎？」他擦擦滿臉的汗水說：「待會中午我就休息，等黃昏天涼了再繼續工作。」歲月的皺紋，笑容閃耀著慈悲的眼神。第一次發現，有愛的皺紋，這麼美。

6

十八萬美金

C 師姐常來 GBI，在書店整理物品以及在櫃檯收錢和點貨。第一次她在書店收銀櫃檯服務時，仁波切看到她，對她說：「為中心服務功德很大，中心賺的錢，不僅可護持道場的開銷，也可以利益大眾。」法會期間，不同組別的工作人員，臨時缺席或是生病，她常常做完自己的工作，再去支援臨時需要的工作。

C 師姐分享

記得在亞歷桑那州參加一次法會，法會快要圓滿的時候，因為下一個行程已經安排，我離開服務臺，需要在迴向之前離開。為了方便早退，特意坐在靠門的地方，那天正當起身向仁波切合十，正轉身要離去的時候，聽到仁波切說：「若是他人本該還你錢，而沒有還，你要思惟，你是在償還以前的業障，不要難過。如果不是你的業果，錢會再還回來的。」

我很少聽到仁波切談到錢，所以本能站著聽完這些話後，才離開。心裏想著：「仁波切為何會提到有關錢這些話？」回到家以後，以為可以拿到一位親人原本應該付給我屬於我的一份資產，

大約十八萬，可是他說不給了。我意識到被騙了。是我的一份資產，他允諾我簽名過戶給他，他已經參考市價行情，會付給我屬於我的一筆錢。

氣憤難過的當下，記起了離開法會時，仁波切說的有關金錢的開示。於是氣憤削弱了一半，也沒有太難過了。因果道理，不會有絲毫錯誤的。你會受報，但也不會多受。仁波切，謝謝您。

7

護關的菩薩

近年，GBI 的文殊閻魔敵閉關註冊報名和以往不同。現在若想參加，需要在特定日子，大約三小時以內上網或打電話註冊報名，報好名的名單，再由仁波切抽籤，抽到的名字，即有資格擁有一個閉關位子，可參加閉關。

B 師姐已有位子，閉關前幾天，看她在廚房點貨安排飲食，計劃準備菜單。廚師通常是護關人員擔任的一職。

我問：「B 師姐，你不是已經有文殊閻魔敵閉關的位子了嗎？」

她說：「是的。但是今年護關人數不夠，我決定護關，把閉關名額讓給候補的人。」

仁波切說過：「護關者和閉關者功德相同。」但大多數人，還是喜歡參加法會閉關，比較少人護關。除此之外，B 師姐時常出錢出力幫忙 GBI 和其他中心編製法本和校對運送，令人感動。有時在廚房擔任炊事的法友如果生病，她總是及時承當，馬上接下工作責任成全大眾；有時書店人員去用餐，她也補上；有時當大家在修法，她清潔洗手間、打掃衛浴設備。有人發心要的工作，她

謙讓；特別累的職務或是沒人想做的，她欣然承擔。他活出仁波切的法義身教，實踐助人，奉獻利他。

8

本尊的守護

在 GBI 工作的 U 說：有一天，整個寺院只有仁波切、侍者、一位喇嘛和我，還有其他十二位信徒在閉關。

當天，仁波切告訴我：「你應該吃一點酸奶。」
我說：「好」
仁波切又說：「你應該吃一點酸奶，再加上藍莓。」
我說：「好」
仁波切接著說：「你應該吃一點酸奶加上藍莓，再加一點蜂蜜。」

我點點頭，仁波切拿給我一小盒酸奶、藍莓和蜂蜜。之後，我到辦公室處理文件一直到晚上九點，感覺疲憊了。想睡個覺。當下想起仁波切對我說我今天應該吃一點酸奶加藍莓，再加一點蜂蜜。於是我想走去廚房冰箱拿酸奶、藍莓和蜂蜜。就當我踏出辦公室門到戶外時，一輛車正開上來接近大殿，轉著圈子，大聲嘶吼，我看到他們的車窗搖下，幾位男子對窗外怒吼、狂嘯。我馬上拿起手機打亮閃光燈，挺肩大步邁向他們。他們看不清楚我，只看到光束。又狂叫，車轉頭下山了。

我在想，如果我沒有出來或睡覺了，下一步不知道會發生什麼事？如果他們沒有看到人或光束的時候，會衝撞大殿嗎？我馬上拿著睡袋到大殿去。第一次認真看著殿內四周的菩薩、本尊、護法、唐卡。感覺到是活生生的生命站立駐守。因為他們的守護，我那晚睡得非常沉穩、香甜。

9
次第的修持

N 師姐護持仁波切多年，如果法友想學靜坐，她樂意分享心得。

N 師姐敘述

普巴金剛閉關的時候，我看著門外的松樹，樹上一片一片的葉子示現為普巴金剛，地上的一沙一石，也示現為一尊一尊的本尊，有如粒粒玉米展現為顆顆爆米花。一切外在的化現都是本尊的顯現。GB1 是聖山淨地，加持力量很強。在這裡修持，深層的垢障可以淨除，本具的智慧可以顯現。

一門深入，萬法歸一。法沒有優劣高低，貴在有無專一深入。三輪本質體空，自性法喜充滿。我喜歡聞思修，思惟法教義理，希望法能融入日常生活。希望因緣成熟的時候，可以和有緣者分享法義與修行體驗，祈願利益有情。就像游泳，一開始學習閉氣踢腿，可以借助浮物、游泳圈或老師的幫忙，接著，學習游到短距離的目標；再來三百公尺、五百公尺…等。游泳有很多招式。可以學習仰式、蛙式、蝶式、自由式或狗爬式。一旦習慣了水性和技巧，你不會注意到，也不會太在乎，老師是否在身邊？你已經

體會到游泳的樂趣，你會享受游泳的時光，你還有能力可以教導他人玩水、閉氣和游泳。

修行也是如此，聞思修的次第，三輪體空的無我和究竟的大悲周遍。

10
往生中陰

多年來在 GBI 當義工的 A 師姐敘述

有一次在 GBl 參加一個月的團體閉關。閉關前幾分鐘，看到女兒傳來的簡訊：「爸爸情況緊急，在醫院急救。」我想需要馬上回家嗎？回到家能作什麼？我沒有悲傷煩惱，但是覺知到思續紛湧，於是祈請上師靜坐禪修。不久，看到女兒爸爸的靈魂隨著醫生電擊心臟的一壓，靈魂進入身體；一鬆，靈魂又離開身體。醫生們顯現猙獰的臉孔，是他的冤家。過了一會兒，他的靈魂站在身體旁邊，不解的看著身體；再邁開一步，再看身體一眼；再走幾步到腳踝旁邊，再看一次身體； 反覆的三次；最後，靈魂離開了。

在當下無念無想無著的修法中，他接受到法的力量，離開了。之後知道女兒的爸爸往生了，時間是我看到他靈魂離開的那個時段。

安靜中的不安靜

GBI 是吉祥地、修行地、聖地。仁波切的身口意，是我學習的榜

樣。過去現在和未來，都跟隨上師修行。我了解自己修行上的弱點，以前生活的環境到處攀緣；對親情執著很重，加上無明障蓋。由於敬愛上師和對佛法的信心，我來到了 GBI，遠離現實生活，覺察到種種妄想。經由閉關禪修，收攝六根妄念，身心安住、法樂充滿。在 GBI，安靜的環境，不安靜的心。身在寂靜處，清楚地看到心的不安靜，我練習如何讓心安靜，覺知中找回自己。

枯岩中的樂園

現實的日常生活，我沒有眷戀。對仁波切的教導與敬愛，以及對佛法的信心，我來 GBI 閉關，這裡沒有世間的束縛，沒有家庭的味道，遠離塵囂。枯岩寂靜的環境，內心是快樂的。思惟仁波切說過的法義，重覆的思惟。憶念上師、祈請上師，有時會禁不住的掉下淚來。

在 GBl，苦中帶樂的簡單，充滿法樂。如果走的路是平地，心臟沒有受到訓練，心跳不快、汗不流、氣不喘。如果爬的山有高度，就有挑戰，不僅可以欣賞沿路風光、開展視野。血液循環的加速、流汗的排毒功效，喘息的一呼一吸，心臟的跳動功能得以訓練，鬱悶的心情開朗歡欣。沒有爬過山的人，不會有爬過山身心舒暢的體驗。同樣地，路是自己走的，沿途的風光要踏上路途才能看得到。

修行的路亦是如此，一條離苦得樂的道路，要親身去走、踏實跨越，彼岸即在此。在 GBI 安住身心，佛法洗滌身心蛻變，找回自己。我能你也能。

11

聞聲救苦

另一位資深師兄，護持中心很多年。因為生病，行動不便。在一次共修時看到仁波切經過，說話有些困難的他，眼眶泛紅，發出難過聲音，仁波切聽到了，就改變走向，轉個角度走向他的座處，慈愛的摸他的頭、額、臉，抹文成公主聖油在他的鼻子上，慈愛關心久久 ...

仁波切才離去，一會兒看到阿尼手裏拿著一包藥物加持物，快速跑到停車場，趕上師兄和家人即將離開的車子，送給他仁波切的祝福和加持。看著阿尼的雙腳，光著腳。為了趕上他的離去，還來不及穿上鞋襪。

仁波切聞聲救苦，加持身體病苦者，心能夠不痛苦。

痛苦是有益的。

仁波切說：當我們身體罹患疾病，感到痛苦的時候，有些人會四處尋求修法消災等各種方法來希望身體能康復，但正是這種「我必須康復，我必須從病中解脫」的想法使得我們的心像是被疾病給佔領了一樣。

首先需要認清楚疾病的形態。該如何認識呢？要清楚這疾病是屬於生理的、還是心理的。如果疾病是生理現象，那也是因為執著「身體等於我」，所以才會生病。

再來，業又從何而來？是我前世所造。舉凡今生身體疾病、內心憂苦無一不是業。如果這些都是習氣該如何處置？要想：所欠的債無論如何都還得由自己去償還。今生的罹患這個疾病就算是改在來世才發生，也是得感受，終究逃不了的。因此，佛世尊才會說：「珍貴的人身假使遭受痛苦，那就像是償還了大筆債務的其中一部分。」透過珍貴的人身，才能使我們「僅受頭痛苦，免墮三塗趣」。如果將來沒辦法再度轉生為人，那麼就還有許多痛苦等著我去受呢。痛苦是有益的，疾病是有益的。

其他許多眾生也依然會罹患各種疾病，受痛苦。一想到他們患病受苦，我們就應該憶念他們的苦難，發願：願我代受三界一切有情，受此痛苦。我們外在的身形，是由五大和合而成，無有差別；於內，所有眾生的內心本質也都相同。因為眾生於內於外都是平等的，所以當我們想著「願我代受他們的苦」，他們的苦難真的就會減輕。為什麼呢？好比一座大山，山上住了很多人，每人盡力捧著山上的一把土，拿出去丟，這座山就會少一點土。同理，我們盡一己之力，也能使眾生的重罪稍減。所以光是生起這樣願力，也能真實饒益眾生。

我們應該好好思考：要怎麼樣才能利人又利己呢？然後，我們會真心發願：「願我代受眾生苦」如此一來，生生世世的惡業與習氣，也得以隨之清淨。有些人在實修佛法的過程中，會遭遇疾病或障礙，當知這是在減輕罪業。我們應當試著藉著利他心，從我執的束縛中解脫。因為痛苦的根本在於我執，如果能夠遠離我執，有助於減輕病苦，乃至康復。

12
護持周遍

H 師兄不僅幫助仁波切推動許多佛行事業，對 GBl 更是出錢出力盡心盡力來護持。例如文殊閻魔敵九天閉關，他贊助閉關期間的餐點費用，以及提供獎學金給想閉關但沒有足夠資金的法友，讓他們得以參加閉關。

當仁波切中心在募款的時候，他自費請廠商製造杯子、袋子和衣帽 ... 等義賣募款，所得款項捐獻給中心。他把家中的珍寶、項鍊和收藏品，捐贈出來義賣。他考慮到冬天 GBl 很冷，於是親自選購輕軟又保暖的材質布料，請廠商製作外套供養仁波切及僧眾。冬天時候在 GBI，每當看到仁波切及喇嘛僧眾們穿著他供養的紅色輕暖外套時，心中再次感動並且深深隨喜他的善行。

不同的佛法中心，請他護持，只要他時間人力允許，他都幫忙。有一個佛法中心，剛成立，工作人員常要裝載貨物，沒有大車，他馬上捐贈家中的休旅車，也把家中的桌椅書櫃捐給中心。有一些僧眾法友，需要地方掛單，他提供居家住處，負責接送、三餐供應及日常的照顧。空閒假期，他常和家人開車到偏遠鄉下，捐錢贈米送毛毯給孤兒院和養老院，很令人感動。他的家人在家時

常日亘不停的修煙供，好幾次清晨在家聞到特殊的香味，像是鬼神升天後向他感謝並且道別的心意馨香。

重病康復

有一次，H師兄太太重病一個多月，他想太太可能快往生了。住在印度的一位喇嘛知道後，集合寺廟大約 600 多位僧眾替他太太唸經迴向，他太太的身體奇蹟似的康復了。師兄的愛心，遍及台灣、大陸、新加坡、印度、尼泊爾、不丹、南非、美國各地。

13

仁波切的身教

多年來護持仁波切和中心的 R 師姐分享

美國亞歷桑那州，噶千佛學院 GBI，讓我覺得就像家的感覺，是那麼的溫暖，那麼的熟悉，那麼的想在此定居下來。住在 GBI 的時候，就覺得自己的心安住在虛空中，是那麼安定與遼闊。常常思惟著仁波切的教法，尤其是慈悲與愛。

我覺得 GBI 是讓我可以去享受慈悲與愛的地方，同樣的也是讓我學習對眾生慈悲與愛的中心；在這裡學習和閉關之後，我更有力量，更有信心，更有願力，激勵自己走出來，幫助世界的眾生，無論是哪一種外相的眾生，我希望能告訴他們仁波切的教法，同時希望自己能夠真正的實踐。GBI 是一處真正學習正法的佛學院，仁波切的心力都在這裏。希望更多法友，知道這個地方是多麼的殊勝。

慈悲是王道，愛超越一切

跟仁波切在一起的時候，您是可以深深地感受到仁波切身上所散發出來濃濃的慈悲與愛。仁波切對一切眾生是平等與包容，他的

愛與慈悲是沒有分別任何宗教、種族、膚色和貧富。他救渡六道，不管是天道、阿修羅道、人道，上供下施，都可以深深感受到仁波切給予滿滿的慈悲與愛。平日與仁波切相處，看見他親自實踐自己所教授的法義。仁波切從身語意散發出來的就是慈悲跟愛。他是一位真正實修的實踐者。每次我走到哪裡，就會想到仁波切說的慈悲和愛，不管是那一國人或是動物的外相；是何種膚色；不分任何宗教；仁波切對待一切眾生都是慈愛，這是讓我最感動的一件事。

最記得仁波切講過一句話，他說他最害怕的一件事，就是對關他20年監獄裡面的那些獄卒，怕對他們失去慈悲心。仁波切還是用慈悲與愛對待這些人。我每次聽到這些，內心又痛又難過。這是讓我深信仁波切是一位開悟者，深信因果，以無我空性面對一切。仁波切的慈悲已經超越一般人了，是佛的表現。仁波切是一位真正值得我們跟隨的上師。

我也常常提醒自己要真正去實修仁波切的教法。不管在哪個國家，不管對哪一種民族，不論在哪一個地方，只要有需要幫忙，就去服務與付出。不分外相是人道、地獄道和惡鬼道，看到貧困的人和流浪漢，我們供養他們飯食或金錢。許多地方需要緊急救助，無論非洲、印度、尼泊爾或台灣…等等，只要碰到有緣者我們能幫一個就算是一個。

仁波切跑遍全世界弘法

仁波切想利益每一位眾生。曾經見到仁波切對著不認識的人，也是手轉著經輪對他們微笑；甚至某些人以哀怨或懷疑的表情看著仁波切，仁波切還是對他們慈悲的微笑。仁波切發願要跟每一位眾生都結下善緣，祈願在盡未來際都可以渡盡這些苦難眾生。他是乘願而來的菩薩。所以我也發願要學習仁波切身語意的行誼。仁波切的教法，改變了我。走到哪裡，不分敵友、地位和貧富，對待他們都是平等的慈悲與愛，這是仁波切最偉大的地方，他實踐佛子行 37 頌，圓滿佛的教法。

14

快樂的淨土

仁波切在洛杉磯的中心，直貢寶法林，其住持上師，噶貝喇嘛在
2018 年三月帶領了近 40 位的信眾，到亞利桑那州拜訪仁波切和
參觀 GBI。並且到附近全世界有名的靈修聖地瑟多納，旅遊和禪
修。當他們到達 GBI 後，仁波切熱烈歡迎大眾，給予開示並且帶
領大眾共修白度母。信眾們在享用住持阿布喇嘛提供的豐富午餐
之後，法喜充滿地離開 GBI，許多法友聲聲說著期待下次再來。
這次參訪的殊勝，引起許多佛法中心的回響，眾多的信徒將組團
來參訪仁波切和 GBI。

噶貝喇嘛敘說

GBI 是個讓人覺得很快樂的地方。從 2002 到 2013 年，我一直住
在 GBI，有十多年了。我一個人的時候，很安靜，平時工作人員
很少來找我，有時候有人有事情來找我，我心裡想著，趕快說完。
在喇嘛屋，客廳有一長型沙發，扶手的地方都破舊了，多年來我
常坐在那沙發，有人問過我為什麼沙發扶手破了？我告訴他，我
的手放在那兒，時間久了沙發扶手的地方磨破了。當然啦不是我
一個人坐著磨破的。GBI 雖然位在沙漠區，看起來土土乾乾的，

一旦人到了 GBI，是沒有沙漠的感覺。真正來到 GBI 坐下來，感覺是完全不同的。很放鬆、很安靜、很快樂。

修行像煮開水

噶貝喇嘛分享

閉關修行非常殊勝。修行是要連續才有效用，像煮開水一樣的道理，如果開一點點的火，一下子就關掉，水會變冷，水不會煮開的。如果煮開水的時候，火一直開著，不需要很久的時間，水會煮開。修行也是一樣。如果持續修一段時間，是有好處。但是如果停一段時間，習氣又回復了，不會真正進步的。如果你能夠連續幾天、幾個月、或者三年三個月的閉關，習氣將容易改變，修行經驗也變得穩定。

如果你想去西藏閉關的話，環境、條件和各種因緣是困難的。如果能來 GBl 是有很多好處的，當你來到 GBI，你會看到仁波切的身影，有機會和仁波切一起共修。GBI 是仁波切住過很長時間的地方，仁波切在這裡傳法、教學、修行和閉關。你會看到仁波切的笑容，或者只是想到他的笑容，你也會感受到仁波切的慈悲。你的心情是很快樂的，你的心中是有依靠的。這是其他地方沒有的特點。來過 GBl 的信徒都能感受到這些好處。在西方有這麼好的修行場所，是非常珍貴的。

15

眾生的摩尼寶

尊貴的札希喇嘛敘述

拜訪 GBI 幾天後，仁波切問我，覺得 GBI 如何？

我心裡想：「老實說，這裡不怎麼樣，仁波切來美國，為什麼不在大城市發展會好一點？」我沒說實話，回答：「這地方挺不錯的，非常好。」

仁波切回答：「你的心和嘴巴在不在一起？不管你到什麼地方去找，找不到像這裡這麼殊勝的地方了，這裡是千手千眼觀世音菩薩的壇城。你看那座山，是三寶的代表，仁波切手指一方，這邊是四大天王，非常殊勝，到其它地方是找不到的，這裡是愈來愈好的。」

仁波切請帶我走

我阿瑪 83 歲的時候，她告訴我：「今年，我好像快不行了，如果我見不到噶千仁波切的話，我往生的時候，眼睛是閉不上的，兒子，仁波切能不能來西藏？如果仁波切不能來的話，你可不可

以帶我去美國？我要見仁波切。」仁波切知道後，告訴我：「我今年 8 月去香港，你能帶你媽來嗎？」

我推著阿瑪的輪椅帶阿瑪，到香港見仁波切。當時仁波切傳授阿彌陀佛灌頂。我阿瑪祈請仁波切修頗瓦法，仁波切答應了修法，我阿瑪頂輪流出很多水。之後阿瑪又活了 3 年。阿瑪在 86 歲快往生的時候，我問她：「您走時誰來接您？」阿瑪回答：「噶千仁波切會帶我走的。」阿瑪臨終最後一句話：「噶千仁波切，請您帶我走。」

七歲小孩的虔誠

我來到 GBI，問在國內的親戚，有沒有什麼事可幫他們？我親戚七歲的兒子告訴我：「叔叔我有一個事，我說話口⋯⋯吃，請您祈求仁波切加持我喔！」七歲的小孩，虔誠的祈請仁波切。

仁波切是眾生的摩尼寶。

第五部

空中的花絮

1

孔雀的雲彩

有一天，海濤法師很高興地說：「這兩天我看到天空出現美麗雲彩，如孔雀。」仁波切說：「孔雀明王，是毗盧遮那佛的示現，為五方佛之一，位居中央。代表光明遍照、虛空自性。」

法師說：

在漢傳佛教，孔雀明王是很重要的。孔雀明王乘坐在孔雀上面，四隻手，這是孔雀明王的形象。孔雀明王的功德，在經文上記載：「祈雨止雨各滿願」。沒有下雨的地方，你祈求，會下雨；下雨

太多的地方，你祈求，雨會停。「慈念龍神蛇不侵。」許多修行人在森林裏打坐，都會持誦孔雀明王經咒。祈求「慈念龍神」的保護，免於蛇蠍毒物的侵犯。在佛陀時代，有一位出家人，他為大眾去採木材，結果被毒蛇咬到，全身變黑。阿難尊者快速稟告佛陀。佛陀祈請孔雀明王加持，一念孔雀明王，就有一隻龍王，名叫「慈念」現前，把出家人身上的毒排掉，救活了那位比丘。

食百毒而吐芬芳

仁波切在洛杉磯的中心，直貢寶法林所在的城市亞凱迪亞，城市的標幟是孔雀。在亞凱市內，有一座植物園，園內飼養許多孔雀，自然放養，沒有關在籠子裡。孔雀經常悠遊散步或低飛到建築物和石塊上休憩。有時牠們也散步出園外，開車經過時，必須優先

讓孔雀行走，如果不小心撞到或傷到牠們，是會被罰款的。

食百毒而吐芬芳，是百鳥之王孔雀的特質。孔雀以毒為食。食愈毒的東西，羽毛愈光澤漂亮。當我們吃虧受傷，嚐到煩惱五毒的時候，是哀愁傷悲怨天尤人？還是接受轉換為智慧福德的芬芳？當我們遇到違緣逆境的時候，是不是可以轉為資糧道用？薩迦班智達曾說：「禽鳥之中，夜梟為劣」，沒有人喜歡聽貓頭鷹的叫聲。牠的尖聲呼嘷，像是有人在議論批判他人的過患般，令人不悅。「禽鳥之中，孔雀為上。」因為孔雀總是看著自己，想要清除自身的塵垢。

仁波切說：「莫觀他人過，唯看其功德。」如果看到他人的過失，應該反省自己，「我是否有相同的過失」。你會發現自己也有相同的過失，就是煩惱。得到人身很不容易，人有過失也有功德。如果你把焦點放在他人的善良和功德，你對他的愛就會增加。你的朋友是你修持安忍和戒律的所依。菩提心是最重要。

2
小老鼠

睡到半夜，在我關房的門內側，放乾糧食物的地方，聽到竄動的聲音。是什麼小動物吧？起身一看，小動物躲起來了，我回床上安靜躺著。又聽到竄動的聲音，一看，是一隻長得大約我中指長的小老鼠，正在吃掉落到地上的麥片，看了時鐘，是一點。今晚有訪客？老鼠是肚子餓囉？不是來閒逛的嗎？要怎麼請牠走？還是要請牠吃宵夜？如何請客？

我拿了一個小盤子，裝些麥片，放在門的把手下方，關了燈，又躺回床上。老鼠果然跑出來，站到小盤子上面吃起麥片。我起身，小老鼠又躲起來了，我把門微開，把裝著麥片的盤子放在門檻前方。關了燈，躺到床上。不久，牠又出來了繼續吃。我再起身。牠又躲到物堆內，我又把門微開，把裝著麥片的盤子放在門檻外側，關燈，又躺回床上。不久，牠跳進門外的盤內繼續吃。這次，我靜靜地、慢慢地把門一推，關上門，留牠和麥片盤在門外。今晚又可以好眠。

我很高興，突破了一個想法。以前的我，如果遇到這種情況，可能不知道，也不會去想如何面對小老鼠深夜的來訪，可能就是用

枕頭蒙著耳朵睡覺或自嘆倒楣，或許整晚輾轉難眠。今日的我，因為來到 GBI，外緣減少，心靜下來，有時間想，我要如何對待這位小生命？如何讓他的需求可以得到滿足？如何幫助牠？

當煩惱現前時，不逃避，正向思惟如何面對和解決，思惟緣起的道理，思惟如何以身語意來面對？如何實踐六度波羅蜜於日常生活的行住座臥之間？若慳貪，用布施來對治。若毀犯，用持戒來對治。若瞋恨，用忍辱來對治。若懈怠，用精進來對治。若散亂，用禪定來對治。若愚癡，用智慧來對治。仁波切說：眾生對我來講，只有兩種：一種是讓我修慈悲的眾生。另一種是讓我修忍辱的眾生。

3

小白兔

在 GBI，想要小鳥來拜訪，灑一把米在門前，小鳥就會來。想要兔子來拜訪，放幾根紅蘿蔔在門前，兔子就會來拜訪。第一次在關房門前，放了幾根紅蘿蔔，看到小兔子小心翼翼的吃著紅蘿蔔。剛開始，稍有動靜，兔子就跳走了。一陣子之後，小兔子習慣了我這位訪客。（牠們幾代世家住在這，我算是訪客。）即使我開門對牠照相，牠是一邊吃著紅蘿蔔，一邊看著我，好奇的看我在幹嘛。

有一次，連續幾天參加法會，忘了放紅蘿蔔。法會圓滿那天，當我回到關房門前，兔子也跳了出來，在門口等著我，彷彿等我很久。我趕快拿些紅蘿蔔放在牠面前，牠吃的很高興，看著我的眼睛好一會兒。和小白兔的互動，從一開始看到我的害怕、陌生；觀察我；不怕我；之後看到我回來，牠也出來看我，可能是看我的紅蘿蔔。

佛說：「先以欲利勾，後引入佛道。」

每當我準備紅蘿蔔的時候，心裏祈願：吃到紅蘿蔔的小白兔以及

一切眾生，能免於飢餓恐懼之苦，得到究竟的快樂。

4

蛇來聞法

2018 年五月某個星期日的下午，我開車到 GBI，車子停在大殿門前，準備搬拿物品到辦公室。一下車，左右都沒人，聽到大殿內傳來的持咒聲，是僧眾們在共修白度母。我走到車子右方開車門，拿副駕駛座位上的東西時，瞥見車子旁邊的地上有一條黑繩，有些彎曲，大約 90 公分長。看起來像一條蛇，動都沒動，就像一條假的玩具蛇。因為假的太像真的蛇，於是拍照留念。

我搬下一些東西到辦公室，並且進入大殿共修。等到共修圓滿後，再走到車子旁，地上白白的，咦？那條黑繩子不見了，耳邊聽到工作人員在殿外提醒：「這幾天天氣轉熱，注意有蛇。」原來蛇是來聆聽法教的。

眷戀的蛇

海濤法師說過一個故事：有一對夫妻坐船出去尋寶，碰到颱風，結果太太淹死了。屍體運回來放一段時間後要安葬到土裏。正當搬著屍體準備安葬的時候，發現一隻蛇在死掉的女人鼻子鑽來鑽去，那位先生有點生氣，要把小蛇打死。此刻，有神通的目犍連

看到了經過說道：「不能打，那是你太太。」那先生說：「你亂講。」目犍連說：「你太太是不是生前很愛漂亮、很愛照鏡子，所以她現在死了，還在她臉上跑來跑去。我來對她唸唸經，希望她得超渡。」

關於蛇，仁波切 如是說

一切有情眾生都有佛性，其本質是清淨的。比如你看到一條毒蛇的時候，牠的身體較為低下，雖然牠是一種讓人害怕的形相，但你應該了解牠只是因為暫時的業和煩惱的投射，呈現一種嗔恨的化身。你知道這條蛇的心和你的心本質完全相同。一旦牠的身體業力耗盡，牠將消失。雖然牠的外形消失了，但牠的佛性是永遠不會消失的。

宇宙和一切有情眾生，都是暫時以二元對立的方式顯現，雖然看起來有清淨和不清淨的分別，但本質上是清淨的。認出心性的時候，能超越二元對立的執著，心有如虛空般廣大。

5

野豬

有一天，兩隻野豬來訪，享用門前不遠處的蔬果和麵包。我看見
牠們快要吃完食物，於是隨手再抓些青菜蘋果，直往牠們面前丟
去。希望他們看見，能夠再多吃一點。沒料到，其中一隻野豬惶
恐地往北方奔逃。頓時，感覺我的左胸抽痛。發生什麼事情？為
什麼我丟食物，左胸口會痛？是我嚇到牠？是野豬因為我突然的
動作受到了驚嚇、逃命的感受？

我彷彿是那頭野豬，體會到牠的驚嚇和心悸。彷彿我的心臟跳入
牠的心臟；又彷彿牠的心臟跳入我的心臟；好像我和牠共有一顆
相同的心臟。日常生活應對進退之間，我體會到他人的感受？平
時待人接物是不是常常因為趕時間，輕忽？失禮？沒有耐心？或
許打擾嚇到或傷害他人而不自知？對此，內心深深感到歉意和懺
悔。謝謝野豬。

有一天走在小路上，看見一塊小木塊，撿起來，是一隻野豬的樣
子，只是右前腳的部分斷了一小截，拿給阿布喇嘛看。喇嘛說，
他看過一隻野豬右前腳受傷折斷過，走起路來跛慢。在我最近一
次離開 GBI 的前一天黃昏，我走回住處，遠遠看見野豬在我的住

處外等候我，我走近時，看見牠的眼神深情看著我好久，彷彿和我道別。

6
柏樹煙供粉

GBI 土地上，有很多柏樹。

有一年，仁波切去歐洲，蚊子很多，仁波切問我有沒有 GBI 柏樹做成的煙供粉，如果有的話，點一些煙供粉，蚊蟲會飛走的。回來美國後，我開始自己製作煙供粉。家裡的後院有多棵柏樹，剪些柏樹枝，曬乾，再拔下柏樹葉，枝幹捨去，加些乾花和其他藥材磨成粉就完成了。

有一年我在 GBI，經過喇嘛應允後，剪些柏樹枝，曬乾、去枝和磨粉，製成煙供粉送給仁波切和法友。仁波切很高興的說：GBI 的柏樹是很清淨芳香，像是西藏的植物。好友 R 問我：「可不可以向你要一點東西？」我說：「什麼呢？」他說：「煙供粉。你上次送給我的煙供粉，我送給台灣朋友，他說供香的時候加些柏樹煙供粉，味道很清香，蚊蟲蟑螂不來家裡了。」

我的一位台灣親戚，她告訴我，家裡原本有些小蟲和蟑螂會從大樓內的通風口和排水管爬進屋內，她點了一些煙供粉之後，蟑螂和小蟲就沒進屋了。GBI 的空氣好，柏樹好。

7
鞋子排好

仁波切每次進入喇嘛屋，都會在門前脫掉鞋子，自然地彎身整理門口的鞋子，一雙一雙排好。彷彿每雙鞋子都有生命，協助鞋子排好隊。仁波切細膩地整理，每雙鞋子好像都是他的唯一孩子，慈愛呵護著。

記得有一篇文章，報導關於一位成功女企業家的故事，當她年輕的時候，在旅館負責清潔打掃的工作，有一次，當她刷好馬桶的時候，旅館老闆正好進來，她用手把馬桶內的水舀起來喝了一小口，表示她馬桶刷的很乾淨。老闆很高興她能把一份清潔工作做得如此極致。最終，她成為了一位傑出的企業家。

仁波切經常笑容滿面，對著大眾笑，對著草木天地笑。札希喇嘛說，仁波切看到許多我們看不到的有情，仁波切已有清淨見，他看到一切萬物的佛性，微笑著打招呼。仁波切的故事在在顯示他的菩提心圓滿。水果熟了，自然會散發出香味。仁波切的每一個動作，講的每一句話，生起的每一個意念，都是在利益眾生。仁波切的身語意散發出菩提果實的芬芳。

8

酸辣湯

有一位好朋友，也是功德主在餐廳供僧。我坐在仁波切的右手邊。餐廳侍者先給我們每個人舀了一碗酸辣湯。我肚子餓了，一口喝光，覺得味道鮮美，很好喝。仁波切只喝一小口就把湯放在他的盤碟的右上方。菜餚一道一道送到桌上。大家吃的很開心。大眾吃飽了，我看著仁波切的酸辣湯，心裡想著：「這酸辣湯很好喝，仁波切 怎麼沒有喝完？」念頭剛落下，仁波切端起酸辣湯，放在我的面前。我有點嚇一跳，是給我喝的嗎？想到恭敬不如從命，我喝了一小口。好難喝喔，馬上把碗放回桌面，怎麼跟剛才喝過的那碗味道不一樣？是不是冷掉味道變了？還是調味料不均勻？

仁波切立刻又端起我面前的酸辣湯，一大口喝完。當下，我想著到底是怎麼一回事？同一個圓桌，旁邊隔兩個位子的C師姐說：「有一次搭乘飛機，坐在 仁波切 隔壁，機上的食物，她沒有吃完，仁波切把她沒吃完的食物拿起來吃了。 」我還沒有清楚狀況，沒有出聲問話，C師姐已經解說。一點點的食物，仁波切都不會浪費。非常惜福。仁波切有時候咳嗽有痰，會吐痰在手帕上，一再使用。他惜福以手帕代替衛生紙。有一次他經過垃圾桶，看

到地上有一張掉落的衛生紙，他彎身撿起這張已經用過有皺折的衛生紙，吐痰在這紙上，再恭敬的放到垃圾桶內，彷彿在謝謝這張衛生紙。

9

愈簡單，愈快樂

在 GBI 閉關的生活，很簡單。早餐泡個麥片，加點水果；午餐煮點麵條，放把青菜，再加一點核桃；晚上可以過午不食；也可以喝碗蔬菜湯。比對在家生活，買菜洗菜煮飯，三菜一湯，招呼家人用餐，再洗碗洗鍋清潔整理，每天花在三餐上大約四個小時。來到 GBI，可以空出一些時間來修持和靜坐。日常生活，也是這樣，越捨越簡單，越簡單越輕鬆，越輕鬆越快樂。

擔心錢財賺積不夠，對事業升遷費盡心思，害怕自己愛的人不愛自己，再加上財色名食睡，八風的執取，對一切都捨不得，放不下，認為這是我的，那個也應該算是我的。沒有擁有時，竭盡心力追求，擁有時害怕失去，失去時傷心痛苦。

在 GBI，看到 仁波切和喇嘛僧眾，僧服幾套、衣食住行，俐落輕便，外在行儀的簡潔散發出內心的清淨芬芳。札希喇嘛看到我一車物品，笑著對我說：「衣褲五套就好，其他衣物洗乾淨折好可以捐或送給別人。」我：「好的，我回家後會把衣櫃清一清。」喇嘛說：「要在你離開人世的那一天，衣服再送人？還要麻煩家人替你送出去？別人拿到也不會快樂的。現在你送給別人，別人

會開心的。」是的。我不僅要捨棄身外的衣物，還要捨棄心中的放不下、捨不得與執著。

如果相信佛法的因果道理，應該珍惜難得的人身，好好修行。如果把生命用在累積擁有房子的數量、銀行的存款、搏取名聲，把福報消磨在不必要的應酬、交際與享受，是不是可惜了？三寶是眾生的福德田，仁波切接受僧眾送給他的禮物，讓信眾培植福田。例如外套衣物，仁波切穿用這些衣物後，會再送給信眾，讓慈愛菩提心流動。

殊勝菩提心妙寶
未生起者願生起
已生起者不退失
祈願輾轉更增上

10
心靜下來，就會看到路

第一次到 GBI，是和幾位師兄師姐一起合租，開一輛休旅車去的。諾大的 GBI，當時戶外沒有燈，天黑以後，或法會到很晚結束，喇嘛和熟悉路徑的僧眾不需要手電筒或照明設備，從大殿回到住處，也可以自在任運行走。

第一天到 GBI 的黃昏，我去繞菩提塔。想著天黑前，我會回到住處宿舍，所以沒有帶手電筒和手機。繞完佛塔之後，先去辦公室洽詢法會資訊，之後走出門外，天色已黑。沒有任何光線。我毫不猶豫地往前處走，走了好一會兒，還沒有到宿舍。有一點心慌，因為原本五分鐘的路程，已走了大約十五分鐘。四周全黑，沒有看到任何人。是我迷路了嗎？今晚要夜遊嗎？正當猶豫要不要繼續往前走的時候，聽到有人呼喚我的名字。我大聲回答：「我在這兒。」接著聽到急促的步伐聲，朝著我的方向走來。

他說：「你走錯路了，宿舍在另一個方向。」

我說：「謝謝你來，你怎麼知道我在這。」

他說：「J 師兄告訴我，他看到你從辦公室的另一個出口走出去，

那個出口不是通往宿舍的方向。」

我說：「謝謝你。天黑了，我看不到路。」

他說：「心靜下來，路會明晰，就會看到路。」

是的。心靜，心澄淨，就會看到路。

11

轉動法輪，轉動心輪

在 GBI 餐廳的桌上，設置了幾個小型的轉經輪。讓僧眾在餐廳時可隨時轉經輪。仁波切每次在餐廳，常常一邊用餐，一邊轉動桌上的轉經輪。用餐時念念不忘的是饒益眾生。

記得多年前我和幾位喇嘛到加州迪士尼樂園。和我們同行的一位喇嘛，他右手一直轉著轉經輪。每次我們排隊參加不同的活動設施，在冗長的人群長龍等待的時候，排在我們前後的遊客就會看著他，看著他轉著轉經輪。有幾位小朋友，臉上表情和眼神散放出「想玩玩這個玩具」的氛圍，有的小孩子笑著問，可不可以讓他們轉一轉？

因為轉經輪，喇嘛有機緣對小朋友和他們的家人，分享轉經輪的由來、轉法和故事。彼此轉動法輪，轉動心輪。轉動經綸，是一種方式來淨化我們內心的業障。外在的轉動經輪，內在表法是轉動我們的心輪。轉動經輪，轉動煩惱心成為佛菩薩的清淨心。

仁波切說

拿著轉經輪的人，透過這種方式，以身口意三門行善，別人也會

因而認為這樣看起來不錯。雙方都可以因此善行而關閉三惡道之門，投生三善道。如果對轉經輪很有信心，面臨死亡時只要憶念著：「我這轉經輪很特殊，它就在我枕邊。」亡者甚至不需要別人幫他修頗瓦法。為何對我個人來說轉經輪如此重要呢？比方說一小時裡的每一分鐘，人們都有各自的工作要忙。這些工作都有意義嗎？人們都說具有意義。

對我來說，如果沒有轉經輪，就像是丟了工作一樣。如果我把轉經輪放著，我就失業了。轉經輪能饒益一切有情。它包含一切善法，一切身口意三門的善，這是轉經輪的利益。平時轉經輪時並且唸誦著：嗡嘛尼唄美吽。雖然不懂意義但也不會浪費人生，能夠累積短暫三善趣的福德。你咬字唸咒要清楚而多次。持誦時心念專一，思其意，內心觀想咒輪轉動。身是舌頭在動，心與咒語相應。藉由觀想咒輪轉繞本尊的慈悲與自己的我執，兩者融合，內心的冰塊也會溶解，能獲得究竟的自在。

轉動法輪，轉動心輪，身心自在。

12
申請下一世

在美國，每年從暑假開始，隔年將畢業的高中生，開始準備申請大學。大學也會綜合學生的各個條件，決定是否錄取。申請大學，除了要附上高中成績、自傳、推薦函、特殊才華的呈現報告、參與學校各校隊的表現評量、社區服務的小時數、課外活動和傑出表現 ... 等。每一所大學，收到這些文件和資料之後，開始審核是否錄取？是否給予部分獎學金？全額獎學金？或者提供在校的打工機會？... 等。大學徵選學生時，考量是全面的。

人的下一生，會去哪？也是同樣的道理。我們這一生，就像是一位高中生；下一世，就像是要申請的大學一樣。世間法，要申請一所好大學，需要這麼多的資格和準備。申請好的下一世，除了累世累劫已經造作的善惡業因、習性，還要附上此生的成績單，加上傑出貢獻的推薦函，加上戒、定、慧的成果，以及六度波羅蜜的實踐 ..... 等。對於來生，你準備了嗎？你準備好什麼樣的資料？是貪瞋我執的無明煩惱？還是淨罪集資的福慧法糧？

13

心靈的杯子

你手上握著一杯咖啡的時候，有人走過來撞你，把你手上的咖啡濺得到處都是，為什麼是咖啡濺出來呢？因為是你的杯子裏裝著咖啡。如果杯子裏裝著茶水，將會是茶水濺出來。杯子裏面裝著什麼，濺出來的就是什麼。同樣的道理，你心靈的杯子，裝著的是什麼呢？

平時遇到小事，容易克制，一旦艱困的考驗撞擊到你的心，心靈杯子內的習氣和印記，便會浮現。所以，你心靈杯子裝的是什麼？是怨懟憤怒？還是感恩快樂？你可以選擇。

仁波切說

水晶，無非是自心的投射。就像是以太陽作為外緣投射的光線，讓我們看到水晶有不同的顏色。好像輪迴和涅槃，它的清淨和不清淨，是源於自己如何執著，如何看待的分別。

從我執出發的外緣，暫時會讓我們看到六道輪迴的不清淨相。如果以菩提心作為外緣，自心投射出來的，就是種種清淨涅槃的種

種涅槃相。

例如水，六道眾生分別看到不同的顯相，天道眾生的福德力，看到的是甘露；人道的眾生，看到的是可以飲用的液體，是可以在日常生活運用的資源；鬼道的眾生，看到的是膿血、不清淨的大、小便等形相；地獄道的眾生，看到的是溶化的金屬，像是沸騰的鐵汁；你的我執有多強，你的這種執著心，看待事物的張力就有多強大。在自己現在還有自主權的時候，精進修持佛法並且培養菩提心，發願利益一切有情眾生。

覺知轉化困境

仁波切說過，當他在監獄裡的時候，同樣在監獄裡的堪布門色仁波切教導過我這句話：「當你遇到困難有多大，你的實修考驗就會有多大」。當事情進展順利的時候，你不會知道你的修行到了什麼程度，一旦你發現自己處於紛擾的境地、面對強烈的情緒和遭遇巨大的痛苦的時候，這樣不利的環境會暴露出你內心隱藏的過患，你才能知道自己的實修在什麼程度。

如果你沒有被這些障礙所影響，那麼這就是你的實修獲得經驗的一個標誌。如果你持續修行，覺知穩固，再強烈的苦痛將不會困擾到你。因為你明瞭輪迴中虛幻的遊戲，你的覺知可以轉化困境。仁波切被判入獄二十年。獄方曾經告訴他：「你只要有檢舉，

有告發，就可以獲釋八年。」仁波切回答：「大家都很好」他依
然服滿二十年刑期。

14
是的，我正在改變

那天，和仁波切一起做早課，從我右邊喇嘛位置那側傳遞一個法螺到我桌上。沒吹過法螺，也沒學過，之前曾經遠遠看過喇嘛吹，聲音響亮沉穩；也看過法友鼓足雙頰，用力吹氣，久久沒聽見聲音。以往法螺傳到我桌上，我會順手傳給下一位。但今天我左邊的師兄拿著鼓棒。

今天法螺有緣放在我桌上，試試吧。法本唱誦到特定字句的時候，吹、打、搖的法器，如號角、鼓、鈸、鈴杵、法螺等一起合樂。我拿起法螺，深吸一口氣到丹田，鼓足臉頰，慢慢吹氣，沒有聲音出來。再試一次。深吸一口氣到丹田，鼓足臉頰，慢慢吹氣，沒有聽到聲音。再試一次，再試一次。R師兄走到我面前，雙手拿起了我手中的法螺，把法螺轉了180度，再放回我手上。我深深吸了一口氣，鼓足雙頰，慢慢地對著法螺吹氣。「咘咘咘」有聲音了。哈，自己笑了。連續幾次，聲音愈來愈宏亮了。隔兩天，阿布喇嘛跟別人說說笑笑的。我聽不懂藏文，但領會出他在說我吹法螺，轉了法螺180度之後，就吹出聲音了。我也跟著笑。他笑著對我說：「不知道法螺怎麼吹嗎？沒看過別人吹過嗎？」我：「隔行如隔山，我以前是隔好幾座山，遠遠聽法螺聲。」大

家又一起笑了。

之後，我仔細看這法螺，這款法螺不易分辨出哪一端是吹氣口，哪一邊是出聲口，當喇嘛傳海螺，經過幾個人到我手上時，已經是出聲口在我面前，我沒有去分辨，也不知道如何分辨，所以一直認真吹法螺的出聲口，當然吹不出聲音。隔幾天，一位師姐告訴我：「我買了一個珍貴的法螺，在家練習吹很久，就是吹不出聲音，我聽到你吹法螺吹出聲音了，很棒。」我笑著對她說：「你今天試試看。你平常拿法螺的姿勢不變，只要把法螺轉180度，再放回手上吹一吹。試試看。」

是的，我正在改變。把「不要吹法螺的心態」改成「試試看」。是的，我正在改變。把吹不出聲音的法螺，認真地試，直到R師兄轉變了法螺的方向，我再認真的試。

是的，我正在改變。把深鎖已久的眉頭，試著放下放鬆，把彩虹的嘴型轉化成切片的西瓜型。是的，我正在改變。學習不執著自己的想法，試著尊重他人成長的腳步和意願，給予鼓勵代替擔心，自己受益快樂。

是的，我正在改變。做些會讓自己真正快樂的事，讓愛我的人，看見我的快樂也快樂；更希望每個人都快樂。是的，我正在改變。

15

愛是靈魂最好的養料

有一則故事

有位小男孩認為自己是世界上最不幸的孩子。參差不齊、突出的牙齒和因患重病留下的腿瘸後遺症。在學校，他很少和同學們交談和遊戲。小男孩的父親，有一天拿了些樹苗，要他的孩子們，每人栽一顆，種在房子前院。父親說誰栽的樹苗長的最好，誰就可以獲得一份他最喜歡的禮物。小男孩看到兄弟姐妹們蹦蹦跳跳提水澆樹苗的身影，他難過自卑的澆過一兩次水後，再也沒有去理它。他想自己是不會得到那份禮物的。

幾天以後，小男孩再去看他種的樹苗，驚奇的發現樹苗不僅沒有枯萎而且還長出了幾片新葉子。與兄弟姐妹所種的樹苗相比，小男孩的樹苗顯得更嫩綠，更茁壯。父親對他說：從你栽的樹苗來看，你長大後一定能成為一位出色的植物學家。父親兌現了他的承諾，為小男孩買了一份他最喜歡的禮物。小男孩慢慢地笑了，樂觀向上。一天晚上，小男孩想起生物老師曾說過的話：植物一般都是在晚上生長。小男孩想看看自己種下的樹苗。他輕聲地來到院子，看見一個身影用勺子潑灑些什麼在自己栽種的樹苗上。

那是他父親。原來父親一直偷偷地為自己栽種的小樹苗施肥。他流下眼淚了。幾十年過去了，那瘸腿的小男孩沒有成為一位出色的植物學家，但是成為美國的第三十二屆總統。食物可以餵飽我們的色身，慈愛則是靈魂最好的養料。佛陀開示過：慈愛的力量比太陽的力量還要強大。太陽能去除酷寒的痛苦，但不能去除內心的痛苦，更不能去除生生世世的痛苦。三寶慈愛的力量可以幫助眾生去除內心的痛苦，去除生生世世輪迴的痛苦根源。

只要我們還在輪迴、福德智慧尚未圓滿，我們需要上師的教授。透過祈請，我們可以和上師的菩提心相連，可以和一切諸佛心性相應。比如，拿一張紙，將它放在太陽下，是不容易燃燒起來。如果把這張紙放在一個放大鏡之下，紙張很快就會燃燒起來。放大鏡將陽光聚焦，快速燃燒我們的無明。佛陀是太陽，上師是放大鏡。上師的教授和慈愛，讓修道的路程鮮明且圓滿，照亮我們內心真實的本性。

16

因為無常，有無限的可能

西藏有一個故事。

一對夫婦跟兒子，住在小農場裡，每天辛勤耕種獲得少許食物賴以生存。他們最值錢的財產是匹黑馬。他們用這匹馬鬆土耕種，也會把糧食、雜物放在馬背上帶去買賣和載貨。有一天，這匹馬不見了。全家人焦急不安，四處找尋，但還是沒找到馬。他們非常難過。

冬天來臨，大雪紛飛，他們度過幾個月的寒冷。到了春天，冰雪開始融化了。一個早上，他們的黑馬跑回來了，旁邊還跟著一匹母馬。全家人很高興。陌生的母馬需要被馴服。兒子找來韁繩和鞭子，開始訓練母馬繞圈子，載者他走、載著他跑。有一天，男孩子騎著母馬走進正在吃草的犛牛群，母馬受到驚嚇奔跑。男孩子從馬背上摔落下來。男孩子摔斷了腿。父母傷心痛苦。過了許多年。有一天一批徵兵隊伍要來招收他們的兒子入伍。當軍官看到走路一拐一拐的兒子，便揮手離去了。男孩父母，開心快樂。

相似的故事很多，比如「發生的一切，都是最好的安排」故事中

的國王因為斷了指頭，而免於被祭祀的死亡。我們每個人的業力是善惡混雜，生命經歷幸運和悲慘的果報。春天的花朵讓我們歡喜，但我們也不會捨不得它轉化成果實，落地，在下一個春天，又是新的生命枝芽展現。

西藏有一個形容：「如果這座山有一個人死了，是對這座山的人捎來了無常的提醒。」因為無常，我們曾經所做的善惡，和現在當下的修持都有無限的可能。因為接受一切現象的無常，我們的心會更穩定，不會輕易受外界的影響。

因為無常，我們不會浪費時間追求短暫的快樂，不會擔心疑惑和恐懼。因為無常，我們轉心向法，珍惜暇滿人身，行持六度萬行，出離輪迴。因為無常，我們希望在臨終無常到來之前，已經準備好如何面對死亡中陰。

因為無常，每一刻，清明覺醒。

17

暇滿人身

一位台灣師姐來美國參加法會。她護持仁波切很多年。自己經營公司，常出國拓展業務，她捐出幾處房子當作中心，提供大眾修行。多年前，我到台灣參加法會，還在她供養的中心掛單過。非常感謝她利益很多法友。

幾年前，她來美國參加仁波切的閉關，閉關前選座位，她告訴我，選靠上師近一點，上師是三寶的總集。過了一段時間，在法會唸著迴向名單聲中聽到了她的名字，才知道回台灣後，醫生診斷出她患上一種罕見病症，沒幾個月，身體已經不能移動，需要他人照顧。祈願她身體早日康復、離苦得樂。人生無常，不知道是明天先到，還是無常先到。

遠離八無暇，具足十圓滿

我記得一位法師說過，有一次他和侍者外出，看到一位女眾穿著暴露，他看到感歎的說：「她浪費了暇滿人身。」佛陀說過，人身難得，就像百年才浮出海面的盲烏龜，要將頭伸進在大海上漂流的軛木孔，機率渺茫。西藏的說法是，人身難得，比如你朝一

個房屋內不停撒米撒豆，一粒米一粒豆黏在牆壁上的機率，是大大高出獲得人身的機率。

暇滿人身，遠離八種無暇，稱為閒暇。滿，圓滿的意思，包括五自圓滿和五他圓滿。五自圓滿，如經典說：「得人身、生於中土、諸根具全、業不顛倒、相信佛法。」，這五種條件是屬於自己要具備的修法順緣。

五他圓滿，如經典說：「佛陀降生、說正法、教法住世、法住隨轉、他悲愍者。」暇滿人身，就是遠離八種無暇，具有十種圓滿的人身。馬鳴菩薩：「得到寶貴人身才能渡過生死彼岸。人身遠比得到如意寶珠還要珍貴。」

現在已得暇滿人身，今生若不修更待何時？《入中論》也提到，如果能自主修法，具備順緣的時候，不好好把握機會，一旦墮入惡道無法自主的時候，要靠什麼脫離惡趣深淵？暇滿人身，能成就暫時利益和究竟利益。

第六部

善知識來訪

1

祈願仁波切長久駐世

海濤法師首次來訪

2018 年 11 月，海濤法師首次來到 GBI。當天噶千仁波切和弟子
們在大殿前，歡迎海濤法師來臨。大眾一起進入大殿、念誦世界
和平願文，並享用傳統吉祥飯。海濤法師除了來拜訪仁波切，也
在 GBI 進行短期閉關，演講佛法二天。

煙供雲煙裊裊

海濤法師從鳳凰城機場，沿路到 GBI 的車程上，法師不斷的供
水，施食，甚至把信徒放在他手上的麵包，餅乾，也毫無猶豫的
布施給眾生。法師到達 GBI 後，不顧身心疲憊，馬上修持煙供施
食。法師在 GBI 的期間，煙供每日不斷，幾乎二十四小時施食煙
供給當地神祇及一切有情。離開 GBI 的當天早上，煙供雲煙才稍
稍緩熄。法師精進的行持善業，令人敬佩。

祈願仁波切長久駐世

仁波切在口傳一小冊子時，因字體小，仁波切用手指撥撐眼皮，

試著看清法本。 在現場的海濤法師對著仁波切說：我願意為仁波切放生五百頭牛，祈願仁波切身體健壯，長壽久住；我願意為仁波切在佛前點十萬盞燈，願仁波切的眼睛健康明亮；我願意為仁波切在佛前供一萬瓶水，願仁波切喉嚨好、聲音好。 以此善業功德迴向所有上師、法師、僧眾、三寶弟子，一切眾生同享功德。 隔天無意間看到法師台灣中心傳來的迴向單明細及捐款總額。法師不僅發心快、行善快、行動快、迴向也快，令人讚嘆。

慈悲超越恐懼

法師提到：有一次我去日本，住在一個傳說鬧鬼的地方。我一個人睡在一間小房間，那時候我旁邊，有一位 16 歲的和尚，他的特點是他的眼睛看得到鬼，他幫忙拿行李到我房間，拿完以後他說：「師父您的房間有鬼。」然後他就離開了。

晚上我盡量一直念經，後來睡著了。到清晨 5:00 ，我聽到女鬼在哭的聲音，很淒厲，可憐。據說是一位自殺的女鬼，哭得很厲害。我一開始，會害怕，因為還沒有出離心，執著還有一個我，害怕會被她傷害。唯一能做的，就是冷靜。當下我決定了，跟女鬼說：「你很可憐，不要停留在這裡，妳一定是跟我有緣，不然我們兩個不會相處在同一個房間，妳就跟著我吧。」

後來發覺，當我主動跟她講話的時候，就不會害怕了。反而生起

對她的憐憫。雖然我看不見她，還是為她皈依，對她說法。替她取個法號。然後說跟著我吧！有機會好好修行。我選擇面對女鬼，不再害怕擔心。或許她不是鬼，而是菩薩的示現，讓我有機會修出離心和大悲心。對我來說，至少我超越了，願意去面對這件事情。大悲心的基礎是出離心。

狐狸的謝謝

法師說：

剛來GBI的一個晚上，我正在打坐，聽到狐狸在叫。隔天有鹿來，昨天牛也來，鳥也來，我對隨行的僧眾們說：「開始幫牠們吧。」因為我覺得牠們一定跟我們有緣，所以給牠們東西吃，為牠們說法。當然我也一直坐在那邊做煙供，布施給鬼神，然後我覺得我心靈很安定，能體悟到阿底峽尊者所說的：「慈悲是我們開悟、是內心平靜、是消除我執的最快方法。」

幾天前，一個晚上，我們大家都睡覺了，聽到狗在叫，在哭，後來我們問這邊有狗嗎？喇嘛說：「那不是狗，是狐狸。」牠們在哭，怎麼這麼可憐。於是我們起來，出去找狐狸，但牠們跑掉了。突然，台灣打來了一通電話告知：「現在大陸很多狐狸要被殺了。」因為那隻狐狸突然的叫聲，我們發起救狐狸的活動，已經三天，到現在救了一千四百多隻狐狸，牠們就免於被殺害的痛

苦。

昨天晚上，跟上次不一樣，來了很多狐狸，一直在我們房子前後左右叫。奇怪，叫那麼大聲，是不是看到鬼？（因為我們在做煙供。）有一位臺灣懂狐狸的師兄說：「師父，那些狐狸是來謝謝你們。你們救了許多狐狸。而那些狐狸為什麼一直在叫，是因為牠們看到很多鬼過來，牠們想把鬼趕走，要保護你們。」無論如何，這對我來講，是個很好的感應。

2

慈愛眾生

海濤法師在 GBI 講法二天，此篇「慈愛眾生」是演講內容的一部
份。

慈愛眾生

仁波切手上永遠拿著轉經輪慈愛眾生，我在台灣永遠拿著甘露水
在加持眾生。因為失去慈悲，就沒辦法呼吸，所以我走到哪裡都
帶著很多死者的牌位，或是墮胎小孩的牌位，放在我周圍。 我
覺得這樣我才可以呼吸，活得才有意義。 就像仁波切說，身體
死沒有關係，但慈悲心，菩提心不能死掉。

說這次要來閉關，老實說我沒有閉關，都在度假休息。 這也是
我出家將近二十八年第一次休息這麼久。所謂佛法是一種改變，
我很羨慕各位可以經常到山上來，甚至閉關。 不管修學幾天之
後回去，很多人都會期待我們有沒有改變，而且這個改變是越來
越好。

我要出家以前，我不一定要讓我的家人看到我的改變。 雖然他

們在感情上捨得我出家，但是在想法上面，這小子改變了，以前不洗碗，現在會洗碗；以前不掃地，現在會幫忙掃地了；該生氣的時候，都不生氣，你可以出家了。經驗會讓我們想要接近佛法。佛法一定會對你更深刻。 我想各位會來學佛也是一定遭遇到生命的一些痛苦，而想要來接近佛法。

像各位到山上來閉關，學佛就像是到醫院去排隊看病一樣，因為我們有病。 什麼時候可以下山？ 病好了， 或是拿了治病的藥，你才可以下山。仁波切就像是我們的醫生一樣，可以給我們醫藥，教導給我們脫離痛苦的方法。

沙漠裡有佛陀

一位信徒問我最近去哪裡？ 我說去沙漠，這裡本來是一個沙漠，但是因為沙漠裡有佛陀，在這裡我們就感覺到很快樂。 現在我覺得住這邊還不錯，一個禮拜可以不用洗澡，真好。 我的師父常跟我說，這個世界像一個著火的地獄或大沙漠一樣。佛法就像水一樣，能夠在很多人都被燒焦的時候，你只要弄一塊清涼的地方，一直滴水不斷， 可以讓別人脫離痛苦。 我們學了這麼多佛法，不管你到哪裡，你都會變成沙漠中的甘露。

像我現在坐在這個地方，上面是佛像，右邊是仁波切，是菩提心。我的面前，放的是超度迴向名單，是痛苦的眾生，這個代表著悲

心。 我們每位學佛的人，就是把佛圓滿的菩提心功德，用來幫助受苦的眾生的中間媒介點。 只要我們存在，痛苦的眾生就可以得到佛的加持。 如何把佛圓滿的力量來幫助痛苦的眾生？ 透過我們不自私、無我的空性，這就是仁波切強調的圓滿大手印的空性。

圓滿菩提心

我們合掌的時候，右手代表佛的圓滿菩提心。 左手代表著所有受苦的眾生。 如果學觀音，中間還有一個空性，代表著我們自己。 所以如何圓滿菩提心和大悲心呢？ 安住在空性，皈依佛，皈依法， 皈依僧來圓滿。

我看仁波切的書，說到三不間斷。 我們修學佛法就是皈依的菩提心不間斷；皈依法的安住無我的空性的不間斷；皈依僧的大悲心的不間斷。 保持在這三個不間斷，也就是極樂世界所說的念佛，念法，念僧的心態。

就像我們頭頂代表佛菩薩的加持，腳底代表地獄受苦的眾生，我們每一個學佛的人活在這個世間，要去承擔所有眾生的痛苦，這是我們的責任。 為了如此我們來念佛，持咒，保持這樣的動機。我個人要修菩提心，可能只是一個理想。但是對我個人的經驗，如果一直保持對眾生苦的慈悲心，就比較容易要求自己去圓滿菩

提心。 為了要圓滿幫助眾生的悲心，要求自己更要修學空性。所以我認為慈悲心是最重要的。

為救母病、發願出家

我這輩子能夠出家，是因為我的母親生病得癌症，很痛苦。 那時我對佛教不熟，有人送給我一部《地藏經》，因為我媽很痛苦，我也不知道怎麼辦，所以我只能跪在地上一直為我媽媽念經。那時候我才體悟到原來我唯一能做的就是如此。

我感受到我過去幾乎很少為媽媽或別人做這個事情。 因為我媽媽生病，我終於找到自己，然後學習慈悲。 也因為這樣，我發願將來能夠出家，祈願我媽媽能夠好起來。 不可思議。 三天之後我媽媽就不生病，好起來了，到現在將近 30 年。

慈悲心會讓我們有動力，來圓滿菩提心和學習空性。

放生五百頭牛

那天我看見仁波切，我說願意替仁波切點十萬盞燈，供一萬瓶水。心裏想著救五十頭牛，哪裏知道口裏喊出：「救五百頭牛」回去一算，五十頭牛和五百頭牛，差價很大，很貴。

那天晚上，收到一個訊息，內容是：「在西藏很多貧窮人民，因

為快到藏曆年需要用錢，所以要賣氂牛。但如果賣氂牛，牛會被殺掉。」有氂牛託夢給一位台灣的居士，那位居士打電話給我，他說：「師父麻煩您救氂牛，那些氂牛說，如果你救牠們，牠們就不會被殺掉。」

於是我和僧眾們開始發動救氂牛活動。到現在募集到的錢，剛剛好是那天我對仁波切講的五百頭牛的錢。我們現在已經救了三百多頭。很殊勝的，我們將在噶爾寺旁邊救一百多頭牛，就圓滿五百頭牛了。所以我對仁波切說：「您的福報很大」我本來想說救五十，嘴巴一喊，喊成五百，結果五百頭牛通通救到了。

昨天下午，許多牛來到我住的房子外面，我們拿麵包餵牠們。牛不喜歡吃草，牛喜歡吃麵包。我們裝一些水，加一些鹽巴在水裡，就成了牠們的可口可樂，供養他們喝，牠們全部喝完了。

一位居士說：「師父，您不是在閉關嗎？天天忙這個。」我說：「這是好事，沒閉關，也做好事。」我很放心，天天有仁波切在旁邊，我很放心，天天有仁波切在加持。我對仁波切有信心，恆河大手印沒問題。我在台灣經常去學校、醫院和監獄講法。一下車我先撒一把米，有時候校長還問我撒一把米做什麼？我說是供土地公。化被動為主動，布施給這些眾生，先關心他們，他們就不會讓你一直感受他們的苦。

菩薩畏因、眾生畏果

後來我認識藏傳佛教，藏傳佛教拿著米供養佛，我們拿著米是丟地上，布施給眾生，這可能就是不一樣的地方。藏傳佛教比較專心學習菩提心和空性。漢傳佛教講的是因，菩薩以慈悲為因，比較重視往下，我想我們都要學習，上供跟下施都要圓滿。

佛陀曾說：「你用無量時間，用你的身體供養三寶，乃至於把所有佛像都製作成黃金的，還不如用一點點飯或米，以慈悲心去布施動物的功德。」

讓大家隨喜功德、同享功德。從以前開始救牛，到現在已經救了超過兩萬六千頭牛。也因為救牛，我們有更大的因緣去超渡那些被殺的牛，我發覺這樣去超渡牠們更有力量。

住在 GBI，在這裡有機會跟各種生命產生關聯。就像我剛出家的時候，很有福報，我的師父叫我去台灣南部的一個道場，道場的旁邊有蛇、魚、鳥以及很多動物。本來我是喜歡讀經典的人，後來發覺我必需照顧牠們，所以每天很努力地去照顧各種的野生動物。這對我幫助很大。因為我以慈悲心去關心牠們。之後我再讀佛經，就很有力量。因為讀佛經，是為了幫助牠們。

一腳三十板，半餅住三年

中國明朝有一座寺廟，有一年快到中秋節，很多信徒供養月餅。到了晚上，老和尚就分給小沙彌們一個人一個月餅，有一位小沙彌拿到月餅好高興，他邊走回到他睡覺的地方，就把月餅撥一半要吃，這時候有一隻小狗走過來，一 跟著他，想要吃月餅。小沙彌心裡想著我一年才一次有月餅，你吃什麼！就踢了小狗一腳，小狗就跑掉了。不久，小狗又過來，小沙彌想一想，我要吃，牠也要吃，好吧，小沙彌就給小狗月餅的一半。

過了幾十年，這座寺廟愈來愈大，當地縣長來拜拜。住持和很多法師站在外面迎請，縣長走進了大殿以後，平時香燈師會拿香給縣長拜拜。大家想香燈師會拿香給縣長，結果沒有人拿香給縣長。等了許久，縣長很生氣。這時老香燈師才跑出來說，對不起，睡著了。縣長說：「把香燈師抓出去打 30 板」。

縣長的太太知道縣長打了出家人，她說：「你這樣會下地獄，你怎麼可以打出家人？」縣長覺得很愧疚，就拿了很多錢給住持和尚，並且說：「對不起，我要幫那位香燈師蓋一間房子，讓他在那養老。」蓋好房子就要供養老香燈師。老香燈師問住持說：「為什麼縣長要蓋一間房子給我住呢？」 住持和尚有神通，就問香燈師：「你小的時候，有沒有踢過一隻狗？ 縣長前世就是那一隻狗，因為你踢他一腳，所以他現在打你 30 板。 但是你給他半塊月餅，現在他供養你一間房子。」

老香燈師在那間房子住了三年才死。 這個故事是很出名的， 叫做「一腳三十板，半餅住三年」

就是踢他一腳，結果被他打 30 板，布施半塊月餅給狗吃，就有房子住三年。

蜘蛛的故事

昨天仁波切開示一個故事：「蜘蛛結網，掉在網上的小蟲，就會被蜘蛛吃掉。蜘蛛如果懷孕了，牠大大的肚子裏懷有百隻小蜘蛛。小蜘蛛出生後，吃什麼呢？小蜘蛛吃蜘蛛媽媽的身體，把牠吃掉。當蜘蛛媽媽生下小蜘蛛以後，身體就被吃掉了。」當我們很喜歡吃肉，吃了肉，那些被吃掉的肉的靈魂，會在你身上，然後慢慢的，你會生病。你如果能夠不吃就不要，如果你真的沒辦法，你還是要超渡。

另外一個西藏的故事。有一位出家人，他經常去幫信徒修儀軌，信徒就會供養他錢。這位出家人很喜歡錢，他把修完儀軌之後收到的錢，藏在他房間的牆壁，經常把錢拿出來數一數，看有多少錢。後來他生病死了，睡在他隔壁房間的一位喇嘛天天晚上聽到鏘鏘錢的聲音，喇嘛想他一定沒有被超渡，過來找，聽到牆壁裏面有聲音，挖開牆壁，看到一隻大蜘蛛和一些錢。於是喇嘛拿著蜘蛛和錢去見上師。

上師就問蜘蛛：「你是不是某某出家人？」蜘蛛點點頭。上師告訴喇嘛說，我沒有辦法超渡這蜘蛛，你帶這隻蜘蛛和錢到隔壁鄉下找一位屠夫，他可以超渡這蜘蛛。那位屠夫是大修行人。

喇嘛帶著蜘蛛和錢去找屠夫。屠夫一看到蜘蛛，抓起來，放在嘴巴裏一口吃掉。喇嘛回去稟告上師。上師說：「牠已經升天了，屠夫超渡牠了。」

牛狀元

中國佛教還有一個故事，叫牛狀元。在明朝，有一個人養了一頭牛，有一天綁住牛的繩子斷了，牛就跑到隔壁的寺廟，那時候剛好是六月天，太陽很大，中國人的習慣是會把經典拿出來曬太陽，全部鋪在地上，結果那頭牛跑過來，牠在找草，但地上都是經典，牠就慢慢聞。有位和尚看到，趕快拿竹子把那頭牛趕走了，避免牛會破壞經典，但那頭牛沒有破壞經典。

後來那頭牛被抓回去，沒多久就死了。因為牠聽聞了經典的功德，投胎在一個家庭，而且出生之後，非常有智慧，長大後很快就考上了當地的狀元，當地宰相把女兒許配給他。他很高興地回到鄉下。大家都出來迎接他，他經過一間寺廟，就是那頭牛的隔壁寺廟，狀元說：「那邊有廟，我要進去拜拜。」進去的時候，剛好出家人都在念一部經《妙法蓮華經》。叩，叩都在念。狀元

一坐在那邊，剛好就看到他們在念，他都會念，奇怪出家人念多快，他就念多快，他也覺得很奇怪，念了半個鐘頭以後，後面都不會念了，半個字都不懂，他就不念了，他走到寺廟裏面，問住持老和尚：「為什麼我剛剛進來，前面的經典我都會念，後面我都不會念。」老和尚說：「回來吧！二、三十年以前，你是那一頭牛，我是那一位把你趕走的法師，你聞地上的經典，所以可以脫離畜生，生在有智慧的家庭。你現在做了狀元，又娶了美麗的妻子，你會輪迴的，你還是回來吧！」

中國佛教有一個特點，即使沒念經典，也會在看到動物或超渡時，翻一翻經典讓他們看。就像藏人做成經旛在空中飄一樣，讓牠們脫離三惡道的意思。

為兒子講故事

在台灣，二十五年前，我很有名，有名的原因是因為我宣講佛陀的一百個故事。此外，還陸陸續續講了幾百個故事。許多人請我去學校、監獄和軍校講故事。不是講佛教，而是講故事，這樣才把佛教傳播得很快。我喜歡講故事，是來自於我過去的兒子的緣故，大約在他六歲的時候，說自己要出家，我不知道什麼意思？就去研究佛教與義理，每天跟他講故事，他很喜歡。

記得我出家後過了大約八個月的時間，有一次經過我以前的家附

近，其它法師說：「帶我去看你兒子」，我打了電話，以前的太太不在，我就進去。兒子看到我，沒跟我講話，馬上跑到房間，再跑出來，手上拿一本《釋迦牟尼佛傳》，他說「海濤師父，還沒講完」我差一點哭出來。

我剛出家時很想我兒子，想到我太太的時候不會掉眼淚，但是想到我的兒子就會哭。

我師父說：「你這樣不行，你會還俗」。

我問：「怎麼辦？」

「你多去孤兒院」。

所以我蒐集了很多的故事，去孤兒院講故事。我的師父說，每個孤兒都是你的兒子。我講了一兩年的故事之後，不會再想我兒子了。

去孤兒院講故事，這是一個我想到兒子不會哭的非常好的方法。

慈悲和空性

感情和慈悲是一線之差，修慈悲心的人如果失去豐富的感情，那就沒辦法修慈悲心。這也是這次我來閉關的原因，修學大手印空

性，以空性來面對情感，超越情感。有了空性就可以超越得很好。

所有尊貴的上師，都是佛陀的化身。就像仁波切說：「但願我們時時刻刻要相信業報，要保持沒有執著的悲心。」

佛陀說要保護自己，保護自己就是保持在無分別的空性狀態。第二個要保護眾生，要幫助所有眾生見到本性，安住在悲心空性，離苦得究竟樂。

大乘佛教，特別是漢人出家，大部分是為父母出家，以孝順為動機，你能夠孝順自己的父母，進一步你才會孝順眾生，把眾生當作是自己的父母一樣。

剛剛我念了四句話，是一位法王寫的一首詩：

善思如母眾。（好好思惟如母親的眾生）

難忍無量苦。（沒辦法去忍受他們在輪迴種種的痛苦）

憶念蒼生情。（我們要保持正念，一直想著對眾生母親的這種愛）

世世永不離。（生生世世只要有一個母親在輪迴裡受苦，我們都不會遺棄他們）

出家人，要以孝順的愛，認真地關愛眾生。

悲心加上空性，才能掌握你的心。出家看起來好像沒什麼感情。事實上，我們修行，當然不分在家出家。真實的修行，發菩提心，才是對父母最孝順的方法。對父母最大的感恩，是珍惜父母給我們的身體，精進的修行。

佛法就是愛

我看仁波切的書，他特別寫到佛法就是愛，就是一種真愛，學佛法就是要學如何去愛人，愛所有生命。仁波切說：「我們念嗡嘛呢唄美吽，一定會念到掉眼淚，六道眾生都是我們的母親，如果你念嗡嘛呢唄美吽，沒有掉眼淚，表示你還沒有生出悲心的感受。因為悲心是對母親苦的一種感受。乃至母親對兒子苦的一種感受，自然地流眼淚。」

如果我們修行悲心，當我們去憶念其他眾生的痛苦，包括一隻螞蟻、一隻鹿，如果你生不起一個強烈的悲心，感受到他們的苦，可能我們慢慢就離開悲心，離開悲心以後，我們所修學的東西，就不是真正的佛法，只是一種知識。

特別在歐美地區，可能要多強調這種子女對父母的孝順。這樣修習菩提心，就比較容易。什麼叫慈悲？母子相遇叫慈悲。我們看到任何一個生命，都像看到自己的媽媽和獨生子一樣，想要去擁抱他、幫助他。

觀修無常

我要出家前兩年，我的另一位師父要求我，禮拜六禮拜天都要到他那邊去打坐，他教我觀修無常，如何放下。他問我：「你現在放不下什麼？」我說我兒子。他叫我要一直坐那邊想，想我兒子怎麼死的。當然我一想，他就會丟衛生紙給我，我會哭。那一位法師說：「你一定要想清楚，不然你不能出家。你出家以後一定會回家。」第二次他又叫我坐在那邊想，好好想想你爸爸媽媽，想到我爸爸媽媽我沒哭。我只是覺得我應該好好孝順他們。那位法師說：「你看，想你兒子你就哭，想爸媽你就不哭，你這個不是慈悲。」他告訴我：「對父母，你要一直思維你的父母、前世的父母，你都掉眼淚。你才有修悲心。」

佛陀說：「自私的感情，愛情會讓我們受苦，唯有無私的慈悲，才是快樂成佛的方法。」如果我們決定要修行，當然一定要找出自己的缺點，所謂禪修就像文殊菩薩的一把劍一樣，才能夠斷除執著，斷除自私的感情，以無私的悲心，去照顧眾生。特別是現代的人，有時候愛狗超過愛他的兒子，愛狗超過愛他的先生。表示一種感情的脆弱。事實上那一隻狗，都是他過去世的獨生子，最愛的女兒，所以才會投胎做他的狗，讓他愛得很痛苦。當我們決定修行的時候，要把執著的愛情感情昇華。就像仁波切說的，要斷除執著的愛，你以對家人的愛去愛所有的眾生，要真實去

做。

爸爸仁波切

凡是你所碰到的一隻鳥，一個人都一定跟你宿世有緣。有一次我
遇到一位錫金的老仁波切，名叫梭傑仁波切，好像八十多歲了。
我一直喜歡作煙供。我在菩提伽耶白天參加法會，晚上我一直在
那邊作煙供。那個時候梭傑仁波切住在我房間樓上的房間，他對
別人說：「樓下有一位法師天天作煙供，以後我要認識他，我要
把所有的儀軌送給他。」他每天看我做煙供，我不認識他，他也
不認識我。

經過了一年，有一位女孩子，女護法，也是他的護法，剛好介紹
我跟他一起吃飯，於是我跟老仁波切認識了，我看他應該像是我
爸爸，我對他很尊敬，他也說你是我兒子。

我現在到錫金，老仁波切都把好的儀軌傳給我。他說你是我兒子
呀，他不斷地在關心我。我叫他，自然都叫爸爸仁波切。如果你
叫我去叫別人，我根本叫不出來，但是看到他，我就會自然叫他
爸爸仁波切。

因緣會把你們聚在一起。每天我會迴向梭傑仁波切。

佛陀是大智大悲大力

佛陀是大智慧、大慈悲、大雄力。我個人認為這三個裏面，最重要的是慈悲。因為慈悲，你想要幫助眾生，想修習空性，以及服務眾生的智慧。因為大悲心，所以你才會發願成佛。這樣才能夠利益眾生。大悲心，我們要很認真去培養。對一個石頭、對一張床，就像仁波切講的，不管你坐到哪裏，都要感恩，有這個桌子，有這個土地，有這個房子，都是不可思議的因緣。所以對一切有情和無情，都要生起給他快樂的大悲心。

修學悲心，我們首先要學習真實地去愛他，去擁抱他，給他快樂，你要想盡一切辦法對他好。

成佛不是目標，能夠幫助所有的眾生離開痛苦，才是目標。

佛經裏有一句話：「慈悲才是供養如來。」我們每天都會對佛菩薩做最虔誠的供養，這代表感恩心，也可以消除自己的慳貪，代表信心。

我剛出家的時候要負責掃地、清水溝，這是台灣的修行方式，不論你是老闆，或是總統，來出家都要做這個的，每天做這個。有一天我師父說：「你掃地，外面公園那麼髒，你也不去掃」。我說：「那又不是我們寺廟。」他說：「你去學習供養佛陀的目的，

是以供養佛陀的方法，來供養眾生才有用，你要把每一個人都當作佛陀，每個地方，都當作清淨的道場，你不能把自己的道場弄得那麼乾淨，外面髒髒的。那對你沒有意義。」

這是我這輩子最大的福報，我遇到那些很偉大的善知識，卻很平凡，他們教導我服侍眾生像服侍佛一樣。這是「普賢行願品」中最重要的。

菩薩的示現

有一次我剛出家在臺北一間講堂，我師父很慈悲，他要把舊的講堂翻新，供養給他的上師。而且他發願，蓋好以後他不做住持了，新的講堂供養給他的老和尚，他會離開的。

那時候有一位老菩薩經常來掃地，只要我們做早課，早上四點他就到了，做晚課四點半他也來了，他不懂半個字，不管我們念什麼，他就觀音菩薩、觀音菩薩，一直念觀音菩薩。就像各位念嗡嘛呢唄美吽一樣一直念，一些人嘲笑他不懂字。

有一天我接到一通電話，一些事情，有點困擾，他跑來跟我說：「海濤法師，你有一點痛苦，你告訴我，我問觀音菩薩，觀音菩薩就會告訴我答案。」我說：「奇怪，你怎麼會知道我在困擾什麼。」他說，你只要告訴我，觀音菩薩就會告訴他。所以他幫我解決了一些問題。我也覺得很特殊。

後來我們要拆掉舊講堂了，他跑來跟我說：「海濤師，現在你們講堂要拆了，我要到別的地方去修行了。」我說：「好，祝福你健康。」

講堂要拆的時候，師父叫我把一尊觀音菩薩像包起來收好，當我去包那尊觀音菩薩的時候，因為臉黑黑的，很舊的佛像，我把佛像再仔細一擦，原來那尊觀音菩薩的臉，就是那位老菩薩的臉。原來觀音菩薩一直在我們道場裏面。也一直照顧我們，千萬不要看不起任何一個你覺得很平凡，很看不起的人，或許那都是佛菩薩的示現。

我師父常對我說，監獄是道場、醫院是道場、墳墓區是道場、軍隊是道場，他的目的是要告訴我，慈悲心的地方，就是我們的道場。

每次我在機場，海關人員問我：「你是少林寺來的嗎？你在幹嘛？」

我說：「我在修慈悲禪，哪裏有人，哪裏有眾生，我就去那。我常常坐飛機，跑來跑去，去認識新的人。」

這是我父親交代我這樣做，也是我的師父交代我。

他說：「你必須跑到每一個地方，去學他們的優點。所有的人，

所有宗教的優點，你都學到了，你才可以成佛。你跟他們接觸，你才有機會去報恩、修慈悲，不然你的功德力會不夠。」

用平常的生命，在生活中，我們修學悲心和空性。

3

慈悲的佛子行

超渡單子

E師姐告訴海濤法師她身體不舒服，海濤法師說會替E師姐寫一張超渡的單子。隔天E師姐想看超渡的單子，法師就拿著手機，給E師姐看，手機的畫面，是法師在台灣的中心傳來的黃單子。在那單子左上角，寫著密密麻麻幾行小字。原來是法師替E師姐的冤親債主取個法名，並且以法名來作很多功德項目，功德項目的內容包括供水、點燈、放生的數量和金額。

E師姐很感動。因為E師姐提起要看超渡單子，法師才讓E師姐看，E才知道法師出錢出力替她的冤親債主，行持功德迴向有情。不僅如此，法師在到臨GBI之前，已經替仁波切、喇嘛、工作人員和道場等，修持功德及迴向。菩薩行誼，利益有情。

多買一些坐墊

法師在美國期間，有一天我載其中一位侍者去買椅子的坐墊。我問侍者：「法師已經自備法座的坐墊了，還需要買坐墊？」

侍者說：「法師覺得這款坐墊設計的非常好，顏色也適合，想多買一些回去，送給寺廟和其他出家人。可行的話，法師會請工廠訂做，就可以送給更多寺廟和僧眾。不僅這坐墊，只要法師覺得不錯的受用物品，都會購買或製作許多送給其他人。」行住坐臥之間，海濤法師祈願也身體力行的利益眾生。

慈悲的佛子行誼

法師離開 GBI 以後，坐車到洛杉磯的路途中，法師沿路以淨水和食物，加持荒漠有情。正如他從鳳凰城機場沿路到 GBI 一樣的慈

悲。車程中，每次到了加油站加油，法師都會進入加油站的小店，購買一些食物和餅乾，馬上就在附近施食加持有緣的眾生。

當他在一個加油站旁邊餵小鳥的時候，看到一頭驢子被圈禁在一個角落，法師馬上走近牠，並餵食牠一些食物。驢子大口大口嚥下食物，看起來好像很久沒吃到食物的樣子。當法師要離開的時候，驢子在圍欄內一直跟隨法師的步伐往前走。彷彿在表達對法師的感激和不捨。法師有愛，驢子有情！

以前的這段車程，對我而言，只是趕路和看風景。而這次的車程，看到法師的修持，對我而言，是實踐慈悲的佛子行！

國家圖書館出版品預行編目（CIP）資料

彩虹的壇城 / 恭秋琶牟著 .
-- 第一版 . -- 臺北市：樂果文化出版 : 紅螞蟻圖書發行，
2019.09
面 ； 公分 . --（樂信仰 ；15）
ISBN 978-957-9036-18-4(平裝)

1. 藏傳佛教 2. 佛教修持

226.965   108015090

樂信仰 15

彩虹的壇城

作　　　　者	/	恭秋琶牟
總　編　輯	/	何南輝
行 銷 企 劃	/	黃文秀
封 面 設 計	/	引子設計
內 頁 設 計	/	沙海潛行

出　　　　版	/	樂果文化事業有限公司
讀 者 服 務 專 線	/	（02）2795-3656
劃 撥 帳 號	/	50118837 號 樂果文化事業有限公司
印　刷　廠	/	卡樂彩色製版印刷有限公司
總　經　銷	/	紅螞蟻圖書有限公司
地　　　　址	/	台北市內湖區舊宗路二段121 巷19 號 (紅螞蟻資訊大樓)
電　　　　話	/	（02）2795-3656
傳　　　　眞	/	（02）2795-4100

2019 年 9 月第一版 定價／ 350 元 ISBN 978-957-9036-18-4(平裝)

本書出版所得盈餘供養仁波切和 GBI。